AF563802

VIE

DE

SAINTE SOLANGE

Ln 27 19040

NOTICE SUR SAINTE SOLANGE.

Ste Solange naquit près de Bourges, dans la paroisse qui porte aujourd'hui son nom. Elle fut élevée par des parens pleins de foi qui lui inspirèrent une profonde horreur du péché et un grand désir de plaire à Dieu. Dès l'enfance, elle faisait ses délices de la prière et de la mortification. A sept ans elle fit vœu de virginité. A mesure qu'elle avançait en âge on voyait croître en elle toutes les vertus chrétiennes, mais surtout un tendre amour pour Jésus crucifié. Simple bergère, elle n'avait d'autre désir que de se sanctifier dans sa position. Dieu permit que sa constance fût mise à une rude épreuve.

Un jour qu'elle gardait son troupeau dans la campagne, un jeune seigneur nommé Bernard l'aborde et commence par lui faire la proposition de l'épouser. Je me suis donnée à mon Sauveur, répond-elle avec fermeté, je n'aimerai jamais que lui. Le jeune insensé veut recourir à la force, la généreuse vierge rend vains tous ses efforts, mais alors, devenu furieux, il tire son épée, frappe l'innocente victime et lui tranche la tête.

Les lieux sanctifiés par les oraisons et le martyre de cet ange de la terre s'appellent encore le Champ et la Fontaine de Ste Solange. Son sanctuaire est depuis des siècles le but d'un pèlerinage célèbre. On y a replacé une belle relique de la sainte. Le Berri l'invoque comme sa patronne : il a souvent éprouvé les effets de sa protection et des miracles récens témoignent de plus en plus de sa puissance auprès de Dieu.

Litho. A. Jacob, à Orléans

SAINTE SOLANGE
PATRONNE DU BERRY P. P. N.

Haller Inv. et F. A. D. MDCCCLIII O. P. E.

Lehmann sc.

Impie Berthault

VIE

DE

SAINTE SOLANGE

PATRONNE DU BERRY

PAR LE R. P. J. ALET

DE LA COMPAGNIE DE JÉSUS

Mort à Cayenne, au service des transportés

BOURGES

E. PIGELET, IMPRIMEUR DE SON ÉMINENCE.

1859.

NOTICE SUR L'AUTEUR.

L'auteur de ce livre a passé à une vie meilleure avant de pouvoir le mettre au jour. Nous avons pensé que le lecteur apprendrait avec plaisir quelques particularités sur les travaux et la mort édifiante d'un fervent religieux qui, comme plusieurs autres missionnaires de la compagnie de Jésus, a été chercher auprés des *transportés* de Cayenne le martyre de la charité.

Né le **21** avril **1817**, à La Coste, près de Villefranche-d'Aveyron, le **P.** Jean Alet trouva au sein de sa famille une éducation chrétienne et pieuse. Dès qu'il fut appliqué à l'étude des lettres, il y fit des progrès rapides. L'on se souvient encore à Villefranche d'un discours qu'il prononça publiquement à la fin de sa Réthorique et qui lui fit plus d'honneur que tous les lauriers classiques, dont il avait été couvert. Mais dès-lors Dieu lui avait fait comprendre le néant de la gloire humaine, et il résolut de s'enrôler dans la sainte milice des ministres de Jésus-Christ. Reçu au séminaire de Rhodez, il en suivit les cours avec un succès remarquable et parcourut les divers degrés de la cléricature jusqu'au Diaconat. C'est alors qu'un idéal plus sublime encore que le sacerdoce séculier vint s'offrir à son âme ardente, celui de la perfection religieuse et apostolique. Son cœur ne résista pas à la voix du ciel. Il s'arracha aux embrassements de ses frères, de ses sœurs, et d'une mère veuve et quitta la maison paternelle, en lui laissant pour souvenir un chant d'adieux, dont celui qui trace ces lignes a retenu le doux refrain.

« Lieu qui m'as vu naître,
Aujourd'hui je te vois :
Hélas ! c'est peut-être
La dernière fois ! »

Il y revint dix ans plus tard. La mort avait fait bien des ravages parmi les siens : un frère et une sœur avaient disparu. Restait la plus jeune: il découvrit en elle les germes d'une vocation religieuse; il les cultiva, il les développa si heureusement, qu'en repartant il eut la consolation de la laisser au Carmel de Villefranche. Elle y vécut comme un ange et y mourut quelques mois après sa profession, un an environ avant la mort de son frère Jean, qu'elle n'appelait pas autrement que son père spirituel. Saintes et belles âmes que Dieu s'est hâté de réunir dans sa gloire comme il s'était plu sur la terre à les unir par les doux liens de la plus tendre charité! Mais revenons.

Notre jeune Diacre partit pour le séminaire de Saint-Sulpice. Là, dans le silence de la prière, il mûrit encore sa vocation, et sur l'avis de l'excellent M. Mollevault, de sainte mémoire, il prit la résolution d'entrer dans la Compagnie de Jésus. C'était en 1841. Il subit avec joie et courage les épreuves ordinaires du Noviciat et prononça ses premiers vœux le 18 juillet 1843. Deux mois plus tard, son troisième frère, attiré par son exemple, devenait aussi l'enfant de saint Ignace.

Après avoir achevé ses études théologiques et reçu la prêtrise, le P. Jean fut appliqué aux diverses fonctions de son ordre: d'abord à l'enseignement en Belgique, puis à la direction de l'œuvre des militaires à Metz. Il fit beaucoup de bien dans ce dernier emploi: les soldats l'aimaient comme leur père, et plusieurs lui écrivaient encore longtemps après que l'obéissance l'eut placé à un autre poste. Mais c'est le Berry surtout qui fut le théâtre de ses travaux apostoliques. Plusieurs villages de cette province furent entièrement renouvelés par son zèle. Dans les intervalles libres qui séparaient ses missions, il s'occupait de recherches utiles, concernant l'histoire ecclésiastique des pays qu'il habitait. Telle fut l'origine de la vie de sainte Solange, et d'autres ouvrages que sa mort prématurée ne lui permit pas d'achever. — Au mois de décembre 1848, il se trouvait à Clamecy, lorsque cette ville fut un moment au pouvoir des socialistes insurgés. On connaît les excès auxquels s'abandonnèrent ces hommes égarés durant les courtes heures de leur triomphe.

Les Missionnaires et le vénérable curé de Clamecy firent un vœu à la Vierge Immaculée, et se dévouèrent généreusement au service des blessés sans distinction de partis. Leur charité fut récompensée, et l'orage passa sur leur tête sans les atteindre. Dans cette situation critique le P. Alet écrivit une lettre magnanime qui fait foi de son courage et de son abandon entre les mains de Dieu.

Durant plusieurs années encore, il continua d'évangéliser le Berry. Mais depuis longtemps son cœur s'était tourné vers les missions lointaines de la Chine, qu'il demandait avec instances à son supérieur général. Un moment il put croire ses vœux exaucés, et dans les derniers mois de l'année 1854, il fut appelé à Paris pour y faire ses préparatifs de départ. Dieu lui destinait une mission encore plus héroïque. La mort ne cessait alors d'éclaircir les rangs des généreux aumôniers, que la Compagnie de Jésus envoyait aux *transportés* de Cayenne: les supérieurs le désignèrent pour ce poste périlleux. Récemment lié à son ordre par les derniers engagements, le P. Alet fut heureux d'offrir à Dieu le sacrifice de sa vie: car il entrevit que c'était courir à la mort. Quand la nouvelle de sa destination lui fut communiquée, il donnait une mission dans la Bretagne, où il avait été envoyé depuis peu. Aussitôt, sans même retourner au collége de Vannes dont il faisait partie, il se rendit à Brest pour y attendre le jour du départ. La traversée fut heureuse, quoique mêlée de grandes souffrances. Arrivé à Cayenne dans le mois de mars 1855, il employa quelques semaines à se remettre des fatigues du voyage; puis il fut envoyé à une des stations, dite *Sainte Marie de la Comté*. Il n'avait pour compagnon qu'un frère coadjuteur que la fièvre jaune ne tarda pas à emporter. Le Père resta seul avec plus de 200 malades. Malgré d'incroyables fatigues, sa santé se soutenait encore le 30 août. Ce jour là, fête de sa mère, il célébra la messe pour elle, et lui écrivit une lettre touchante, où il exprimait l'espoir que toute la famille serait bientôt réunie avec elle auprès de Dieu. »

Le 18 septembre, le Père Dabbadie, supérieur de la mission, vint le voir de Cayenne; cette visite était un trait de Providence : Dieu ne voulait pas laisser mourir seul son généreux Athlète. Après avoir reçu les derniers sacrements, il s'éteignit doucement et sans agonie. Il fut inhumé selon son désir, non parmi les gens libres, mais dans la fosse des *transportés* qu'il aimait si tendrement et pour lesquels il était venu se sacrifier à Cayenne. Il avait à peine 38 ans.

Ainsi mourut ce saint Religieux, couronnant par un acte admirable d'humilité, une carrière trop courte hélas ! mais noblement remplie.

Puisse maintenant, ce digne compagnon de Jésus, bénir un livre qu'il composa pour les populations du Berry, si chères à son zèle !

VIE

DE

SAINTE SOLANGE.

AU PÉLERIN ET AU LECTEUR.

N. B. — Les personnes, qui cherchent ici uniquement à nourrir leur piété, feront bien d'omettre les notes. Celles, dont l'esprit voudra se rendre compte des faits pourront utilement revenir sur ces passages à une seconde lecture.

I.

SUJETS ET MOTIFS DE CE LIVRE.

Persuadez-vous, âme généreuse, que vous retirerez de grands fruits de ce Pélerinage, si vous l'accomplissez chrétiennement. Des faveurs temporelles, supposé qu'elles vous soient vraiment utiles, mais assurément des avantages spirituels, inestimables, compenseront les fatigues de votre pieux voyage.

Qui pourrait dire les grâces innombrables de salut, obtenues chaque année au tombeau de Saint-François-Régis à la Louvesce, dans les Cévennes ; à Sainte-Anne-d'Auray, en Bretagne ; à Notre-Dame-des-Victoires, au centre même de Paris ? Le célèbre pèlerinage de Sainte-Solange, près Bourges, a été et sera encore la source féconde de bienfaits non moins précieux.

La Divine Providence, qui dispose toutes choses pour le bien des âmes, manifeste clairement le dessein de rendre à ce pèlerinage la splendeur de ses plus beaux jours. Dépouillée pendant un demi-siecle de son plus riche trésor, l'église de la Sainte a recouvré dernièrement une précieuse partie de ses reliques. Aussi les serviteurs de l'illustre Vierge-Martyre, reconnaissent-ils que le bras de sa bonté n'est pas raccourci. Vous l'éprouverez vous-même, heureux pélerin, si vous apportez à cette œuvre de piété les dispositions nécessaires.

Et vous, âme dévouée, que d'indispensables devoirs retiennent au sein de votre famille, vous pourrez aussi participer aux bienfaits que Solange répand sur les fidèles qui visitent son sanctuaire. C'est là sans doute qu'elle siége sur le trône de ses grâces ; mais ses faveurs, des faits récents l'ont prouvé, ne sont point limitées à ce petit espace. Sa bonté voit de loin et atteint de même ceux qui l'invoquent avec confiance. Unissez-vous, autant que vous le pourrez, aux pieux exercices des chrétiens, qui, mieux partagés que vous, iront prier dans ces lieux vénérés, où elle agit et *parle encore* (1).

Pour entrer dans les sentiments que sainte Solange réclame de vous, Pélerin et lecteur pieux, il est trois objets dont la connaissance vous est indispensable : *la vie* de la Sainte ; *les lieux* qu'elle sanctifia par sa présence ; *les œuvres* les plus convenables pour l'honorer. Tel est le triple exposé qu'on vous offre dans cet ouvrage. On n'a rien négligé pour vous en rendre la lecture agréable, utile et sûre.

II.

PRÉCAUTIONS PRISES POUR ASSURER L'EXACTITUDE DU RÉCIT ET DE LA DOCTRINE.

D'abord, pour se conformer aux décrets d'Urbain VIII et du Saint-Office, publiés en 1623, 1631 et 1654, l'auteur de cet écrit proteste qu'on ne doit ajouter à ce qu'il rapporte de différents prodiges, attribués à Sainte-Solange, que la croyance raisonnablement due à une

(1) Hebr. 11. 4.

autorité purement humaine et au jugement d'un simple écrivain.

D'un autre côté, on ne trouvera point ici ce scepticisme calculé qui, sous prétexte de critique, voudrait faire oublier tous les miracles des serviteurs de Dieu : comme si leur vie, évidemment merveilleuse dans l'ordre moral, ne pouvait pas être signalée par des merveilles dans l'ordre matériel! Parmi les prodiges que nous rapporterons, il en est qui, sans être attestés par des monuments contemporains de la Sainte, reposent sur une tradition antique, fortement soutenue, et sont passés, *depuis trois siècles*, dans tous les écrits qu'ont publiés, relativement à son culte, tant les simples particuliers que l'autorité ecclésiastique. Un écrivain ramené, il y a peu de temps, à la Religion par ses recherches historiques, professe son respect pour tous les récits populaires qui, sans être sanctionnés, ne sont pas repoussés par l'Église, parce que, dit-il avec raison, « réalités, » allégories ou paraboles, ils renferment une morale » utile et douce (1). » Cette réflexion s'applique aux moindres traditions orales ; mais pour les faits attribués à Sainte-Solange nous devons, puisqu'ils ont acquis un remarquable degré de certitude, leur accorder une part plus considérable à notre croyance. Au milieu du dix-huitième siècle, un grave docteur en théologie écrivait : « Nous aurions des reproches à nous faire de dérober à » la piété du peuple certains traits qui l'édifient et con» tribuent à augmenter son respect et sa confiance en» vers la Sainte. Dieu a pu faire pour cette chaste Vierge » tout ce qu'on a dit qu'il a fait ; il paraît qu'on a dit » autrefois ce qu'on dit aujourd'hui ; nous ne trouvons » nulle part de raisons bien fondées de révoquer en » doute la vérité de cette tradition ; laissons donc les » fidèles dans une persuasion qui ne fait aucun tort à la » Religion, et qu'on nous permette de ne pas frustrer » l'attente où ils sont de trouver dans cette vie les traits,

(1) Collin de Plancy ; Légendes de la Sainte-Vierge ; avant-propos (1845). M. Chavin de Malan (introd. à l'histoire de saint François-d'Assise) s'exprime à peu près dans les mêmes termes

» par lesquels seuls, pour ainsi dire, ils connaissent leur » patronne (1). » Raconter ces prodiges était regardé, dans le siècle même du doute, comme un droit légitime de l'historien; mais depuis que la saine critique, remontant aux sources, s'est vue souvent obligée d'être moins inexorable à l'endroit du merveilleux, omettre les antiques miracles de la Sainte, ce serait s'exposer à démentir la vérité; les rapporter n'est pas seulement un droit, c'est un devoir. La tradition de tout un peuple doit être acceptée, tant qu'on n'a point d'évidentes raisons de la rejeter. L'histoire, comme la jurisprudence, admet quelquefois que *possession vaut titre* (2).

Le débat ne pourrait d'ailleurs porter que sur des faits peu nombreux : pour rendre indubitables l'ensemble de la vie, la sainteté, le martyre de Solange, il suffit de quelques remarques générales. De temps immémorial elle a été invoquée comme la patronne du Berry. Les livres liturgiques à l'usage du diocèse de Bourges sont tous unanimes à la proclamer Vierge-Martyre ; tous, en remontant de 1851, où la sacrée congrégation des Rites approuva son office, jusqu'à 1676, où l'archevêque Michel Poucet publiait ses leçons, à peu près dans les mêmes termes ; et l'on sait que bien longtemps auparavant son culte était célèbre dans sa propre Eglise (3). Depuis neuf à dix siècles, le bourg et le sanctuaire où elle

(1) *Abrégé de la Vie de Sainte-Solange, Vierge et Martyre, patronne du Berry*, publié à Bourges en 1759, sans nom d'auteur. En rapprochant ce livre de quelques fragments, attribués sûrement au docteur Lajoie, curé de Sainte-Croix, église de Bourges, maintenant détruite, je me suis convaincu que l'*Abrégé* est de cet écrivain. Je dois à M. l'abbé de Quincerot, curé de Saint-Bonnet, la communication d'un exemplaire de cet opuscule devenu rare.

(2) D. Guéranger, abbé de Solesme, en vengeant, contre Tillemont et l'école janséniste de Port-Royal, l'authenticité des *actes de Sainte-Cécile,* prouve très-bien que rien n'est plus exposé à l'erreur que le *rigorisme* de la critique (hist. de Sainte-Cécile, ch. 31-33).

(3) Nous verrons, (liv. 1er VI), qu'un acte du Pape Alexandre VII, antérieur de 18 ans, encourageant par des grâces particulières le culte de la sainte, en supposait l'antique autorisation.

est honorée, ont perdu le nom de Saint-Martin de Tours. Cet apôtre des Gaules, dont le culte embrassait une grande partie de l'Europe, a cédé sa place et son titre à une pauvre petite villageoise. Dès les temps les plus reculés, de toutes les parties du Berry et des provinces voisines, ne cessa d'accourir une affluence considérable de pélerins, qui venaient honorer l'humble Vierge, la remercier des faveurs obtenues et lui en demander de nouvelles. L'autorité archiépiscopale, portée si dignement par tant d'illustres prélats, ne cessa jamais d'encourager cette dévotion : Nous avons la suite non interrompue de leurs actes, depuis Michel de Bucy, qui, en 1511, faisait autoriser une translation solennelle des reliques de la sainte, jusqu'à Son Eminence le Cardinal Du Pont, qui, en 1845, a pleinement restauré son antique confrérie (1). Aux yeux de tout homme droit et réfléchi, ces faits prouveront surabondamment que Solange a dû faire de grandes choses pour Dieu, et Dieu opérer de grandes choses pour Solange ; en d'autres termes qu'elle fut également illustre par l'héroïsme de la sainteté et par l'éclat des miracles.

Mais non content de cette garantie générale, nous avons consulté attentivement tous les écrits qui pouvaient éclairer notre sujet. Il ne sera pas inutile de nommer au lecteur studieux les principaux dont nous avons pu disposer. Les historiens du Berry (2) : Gaspard Thaumas

(1) L'indication de ces graves autorités suffit déjà pour réfuter une insinuation du dernier historien du Berry. Il attribue à une admiration précipitée, irréfléchie les commencements du culte de sainte Solange, « cette simple bergère que le peuple » dans sa *foi naïve* et dans son *empressement* à honorer les » victimes des passions violentes, *adopta* pour en faire la pa- » tronne du Berry. (M. Raynal. hist. du B., liv. I, p. 311). » Sans doute le peuple manifesta sa vénération et sa reconnaissance pour la Martyre ; mais son culte public et ses titres glorieux n'ont pu émaner que du pouvoir compétent et de la plus mûre délibération.

(2) Jean Chaumeau « *advocat au présidial de Bourges,* » dans son *histoire du Berry* (Lyon 1566), embrasse un cadre trop général pour avoir traité du culte particulier de tel ou tel saint ; il nous fournira cependant quelques renseignements utiles.

de la Thaumassière (1689), dont l'ouvrage est incomplet mais jusqu'ici le plus sûr pour l'exactitude de la doctrine et l'appréciation des faits. Pallet (de 1783 à 1785), dont la compilation sans ordre ne renferme sur les anciens faits du pays que ce qui était déjà connu. M. Louis Raynal (de 1844 à 1846), aujourd'hui, en 1853, avocat-général à la cour de cassation, dont l'œuvre remarquable par le travail et le talent, est malheureusement gâtée par une foule de préjugés rationalistes ; mais si nous jugeons bien le caractère de cette intelligence, on peut compter, qu'au moment où elle appliquera son goût pour les études historiques à scruter les origines et les institutions de l'Eglise, sa pleine adhésion aux doctrines catholiques sera comme assurée. Nicolas Catherinot, qui mentionne avec honneur sainte Solange dans le *Sanctuaire du Berry* (1680), dans le *Nécrologe du Berry* (1682), dans les *Patronnages du Berry* (1683) et les *Eglises de Bourges* (même année).

Quelques auteurs qui ont travaillé sur l'histoire générale de l'Eglise ou des Saints : le savant traducteur de l'anglais Alban-Butter, l'abbé Godescard ; *Vies des principaux Saints* (1763) ; Le P. Giry, religieux minime, *Vies des Saints pour tous les jours de l'année* (1683 et 1719) ; Le P. Jacques Longueval, *Histoire de l'Eglise Gallicane* (de 1730 à 1735) ; Les Rédacteurs de la seconde *Gallia Christiana* (de 1715 à 1785) (1) ; Le P. Philippe Labbe de Champgrand, l'une des gloires de Bourges ; *Nova Bibliotheca manuscriptorum librorum* (1657) ; Surtout les célèbres Bollandistes, Heuschénius et Papebroch, placés par tous les hommes sérieux au premier rang de la science et de la critique (10 mai) ; Enfin les hagiographes particuliers de la Sainte : le P. Honoré Niquet (2), recteur du Collége de Bourges, dont l'ouvrage

(1) La *Gallia christiana* et l'*histoire de l'Eglise gallicane* ne font pas mention de sainte Solange, mais peuvent servir à déterminer l'époque où elle vivait.

(2) Il ne faut pas confondre ce religieux avec Jean Nicquet, vénérable ecclésiastique, qui, en 1571, fournit à cette ville, par ses libéralités, le moyen de confier l'éducation de la jeunesse à des maîtres dont l'enseignement, de l'aveu de M. Raynal lui-

édité deux fois en cette ville (1653 et 1655), réimprimé à Lyon et traduit en latin par le P. François Ragueneau (Biturigibus, 1659), ne m'est connu que par cette version ; Le docteur Lajoie, curé de Sainte-Croix ; *Abrégé de la Vie de sainte Solange* (1759) ; L'abbé Villoing, chanoine et secrétaire-général de l'Archevêché sous Mgr. de Mercy ; *Vie de sainte Solange* (1805) ; L'abbé Oudoul (1828), qui, pour composer son livre, déclare avoir comparé tous les monuments imprimés et manuscrits (1).

Pour rendre ce travail aussi complet qu'il se pourra, j'ajouterai à la substance de tous les documents imprimés quelques faits personnellement recueillis sur les lieux mêmes, ou puisés dans les notes manuscrites qu'ont mises à ma disposition des personnes zélées pour le culte de l'illustre martyre. On ne saurait trop féliciter ceux qui s'intéressent aux études entreprises sur une sainte, qui fait la gloire de la Religion et de sa patrie. Cette magnanime et touchante figure brille d'une douce lumière, au milieu des esprits distingués, des caractères généreux, des grands saints, que cette province a produits en foule.

Recevez donc, pélerin et lecteur chrétiens, méditez ce livre dont le sujet ne peut manquer de vous plaire. Accueillez-le avec le même désir de votre solide bonheur qu'éprouve celui qui l'a écrit pour vous. Veuille

même, fut incontestablement habile et donna au collége une grande renommée (hist. du B., liv. III. p. 460. Le P. Honoré Niquet, jésuite remarquable surtout par ses bonnes œuvres et ses prédications, a écrit plusieurs ouvrages, non-seulement sur des sujets réligieux, mais encore sur les sciences naturelles. Cet auteur n'est nommé dans la dernière histoire du Berry que dans une note de trois lignes, à propos de la *vie du P. Gabriel Maria,* instituteur des Annonciades qu'il a écrite. On y prétend que ce religieux était « de Bourges, » il était d'Avignon (Voy. histor. scriptor. societ. Jesu). D'ailleurs l'absence de son nom dans la liste généalogique des Nicquet de Bourges prouvait suffisamment qu'il n'appartenait pas à cette famille. D'un autre côté, deux fois recteur à Bourges, il a bien mérité de cette ville.

(1) *Vie de Sainte Solange*, (p. 1) outre ces auteurs, qu'il était bon d'indiquer d'avance, nous en citerons d'autres, à mesure que le besoin s'en fera sentir.

notre glorieuse Patronne, agréer cet humble hommage ! Puissent Jésus et Marie le bénir ! Daigne le Dieu de bonté le faire servir à sa gloire !

LIVRE PREMIER.

VIE DE LA SAINTE

ET HISTOIRE DE SON CULTE.

« Un peu après le milieu du neuvième siècle (1) », à trois lieues de Bourges, à une demi-lieue du bourg alors appelé *Saint-Martin-du-Cros* (2), non loin d'une petite rivière aujourd'hui nommée l'*Aoutier*, dans le hameau maintenant détruit de *Val-Ville-Mont*, la divine Bonté fit naître l'aimable Vierge et Martyre sainte Solange.

I.

VERTUS ET GRACES MERVEILLEUSES DE SON ENFANCE ET DE SA JEUNESSE.

Un ardent amour de Dieu, une pureté angélique, une héroïque fermeté d'âme éclatèrent de bonne heure dans cette enfant privilégiée. Son père, pieux vigneron, sa mère, chrétienne fervente, rappellent le patriarche Tobie, par les soins assidus qu'ils donnèrent à leur fille. Ils

(1) C'est la date donnée par le calendrier de tous les rituels, missels et bréviaires de Bourges depuis 1676. Elle est confirmée par un manuscrit, conservé jusqu'à la Révolution chez les PP. Augustins de cette ville. Nous tâchons plus loin de préciser cette date.

(2) La distance précise de ce bourg, aujourd'hui *Sainte Solange*, à Bourges, est de 1 myriamètre, 4 kilomètres, d'après l'*Annuaire du Berry*, édité par M. Vermeil (1840-1845).

élevèrent ses premières affections vers celui qui demande les prémices de nos cœurs. Leur joie fut intime de trouver dans cette âme divinement préparée une pleine correspondance. Les premiers bégaiements de sa voix enfantine furent de répéter avec les noms chéris de ses parents, les noms sacrés de Jésus et de sa Mère.

Depuis que l'Immaculée-Vierge Marie s'est consacrée à Dieu dès l'âge de trois ans, un grand nombre de jeunes saints ont suivi son exemple. Au seizième siècle, Louis de Gonzague fit vœu de chasteté perpétuelle, à l'âge de neuf ans, et Rose de Lima, à l'âge de cinq ans. Au neuvième siècle, Solange avait sept ans, quand elle choisit Jésus-Christ pour son unique époux.

Je ne sais s'il fut possible d'apercevoir en elle quelque chose des imperfections qui accompagnent le plus souvent cet âge frivole; mais il est certain que les défauts ordinaires de l'enfance n'ont laissé aucune trace dans son histoire.

Dans l'église Saint-Martin, où ses parents la conduisaient sans doute, elle aimait à s'instruire par la contemplation de celui qu'elle considérait comme son ami, son maître, son modèle. Volontiers elle eut passé les jours et les nuits, aux pieds de son tabernacle. Quand elle y fut invitée par le directeur de son âme, avec qu'elle préparation et qu'elles délices, elle reçut dans son cœur ce Dien si bon! Dès-lors elle eut voulu communier chaque jour. Mais elle apprit bientôt de son divin Epoux le secret de suppléer, autant que possible, par le recueillement intérieur à sa présence sacramentelle, que d'indispensables occupations ne permettaient pas de rendre assez fréquente, au gré de ses désirs.

Appliquée par ses parents à garder leurs brebis, elle profitait de la solitude pour converser avec le céleste objet de sa tendresse. Pour Solange, patronne du Berry, comme pour Geneviève, patronne de Paris, la vie pasto-

(1) Dum oves, quos ei Parentes commiserant, vicino in agro pascent, ipsa secreta petens, mentem sacrisor ationibus pascebat, inventumque foris cœlestem sponsum toto pectore amplexabatur. (Breviar. bitur, 1676).

rale fut le chemin par où le divin Pasteur des âmes la fit avancer dans sa familiarité ineffable. Le pâturage, où elle se rendait chaque jour, porte maintenant son nom béni. D'anciens tableaux l'y représentent en prières, à genoux, aux pieds d'une croix. « Tandis que son trou-» peau broutait paisiblement, elle, pénétrant plus avant » dans cette retraite, nourrissait son âme de saintes » oraisons, heureuse, comme l'Epouse des cantiques, » de s'entretenir à l'écart avec son bien-aimé (1). » Que de fois elle fit retentir ces lieux des louanges de son bon Maître! Son ange gardien seul fut témoin des actes religieux qu'elle y accomplit. Mais on peut dire, sans crainte de se tromper, que son amour lui rendait toujours présent celui qu'elle avait choisi. Cependant, ses jeunes compagnes la surprirent quelquefois en ses pieux exercices, et le bruit de ses vertus se répandit bientôt.

D'autres faits augmentèrent encore la réputation de notre bergère; c'est que dès-lors Dieu la favorisa du don des miracles. Rien de plus vraisemblable que les faveurs célestes accordées à une âme, saintement héroïque, dès l'âge de sept ans. Ses plus anciennes *vies*, fondées sur une tradition constante, sont unanimes à ce sujet. Elle guérissait les malades, chassait les démons, obtenait la conversion des pécheurs. Il est rapporté, deux siècles plus tard, de saint François-d'Assise, qu'ayant tout-à-fait dompté en lui-même les inclinations de la nature déchue, il recouvra, par un bienfait signalé de Dieu, l'empire primitivement accordé à l'homme innocent sur les animaux et sur toute la nature. Ce privilége fut aussi accordé à la vierge de Villemont. Plus d'une fois elle commanda aux vents et aux orages. Ses brebis, pour être conduites, n'avaient pas besoin de coups. Les animaux, les oiseaux obéissaient à sa voix douce et forte comme celle des Anges.

C'étaient là des récompenses de sa haute contemplation. Intimement unie à Dieu, est-il étonnant qu'elle fût dans ses mains toutes puissantes l'instrument de sa Bonté? Cependant, si hautes que fussent ses communications avec le ciel, elle ramenait toujours son esprit à la considération de l'Homme-Dieu, de cette Humanité sainte autour de laquelle doivent se *tenir assemblés* les âmes les plus simples comme les plus élevées, les *aigles* et les colombes (1). Au pied de sa croix de bois, elle repassait en son cœur les mystères de la Passion. Comment exprimer la reconnaisance et la douleur dont elle était pénétrée à la vue de Jésus souffrant et mourant pour les péchés du monde? Elle conjurait le Père Eternel, de ne pas laisser inutile ce sang précieux et de ramener à son amour toutes les âmes égarées. Comme saint François-d'Assise, elle eût voulu *mourir pour celui qu'elle voyait mort pour elle* (2).

Ne pouvant donner sa vie d'un seul trait, elle la donnait par une immolation successive. Les anciens récits nous dépeignent « les jeûnes, les veilles, les macérations effrayantes qu'elle imposait à son corps innocent » (3). Quel exemple pour notre siècle, où domine le sensualisme! L'âme de la chaste vierge était devenue, par la mortification, entièrement maîtresse de cette chair, qui fait subir à tant d'autres âmes, pures d'ailleurs, des assauts si pénibles et si humiliants. Mais elle ne comptait nullement sur le repos dont elle jouissait. Elle aurait cru, en s'appuyant sur elle-même, s'appuyer sur *un roseau faible et brisé* (4). L'humilité était sa vertu favorite, et produisait en elle une entière défiance de ses forces, une profonde *aversion pour l'ombre même du péché*. (5). Hélas! combien d'autres vont au devant du péché manifeste.

Comme la rose plantée près du courant des eaux (6), Solange prévenue de tous les dons du ciel, méprisait les grâces extérieures qui brillaient en elle et faisait cas uni-

(1) Math. 24, 28.
(2) Amore amoris tui moriar, qui amore amoris mei dignatus es mori.

(3) Carnem mille modis nil meritam domat,
Ægro vix sua sunt pabula corpori.
Quin et luminibus subripitur sopor.
Hanc sic nunc amor immolat (*hymne anc.*)

(4) I. s. 19, 6.
(5) Thessal. 5, 22.
(6) Eccli. 39, 17.

quement de l'impérissable beauté de l'âme. Sans doute elle était bonne, affable envers les personnes que la Providence et le devoir mettaient en relation avec elle. Une douce candeur respirait dans ses rapports de famille et de voisinage; mais l'éloge le plus mesuré la faisait rougir, alarmait son humilité, mettait en garde sa timide et vigilante pudeur. Ennemie de toute frivolite, elle n'abhorrait pas seulement les réunions dangereuses, elle fuyait les joies dissipantes de la jeunesse. Ce *lys de la vallée* voulait grandir loin des yeux profanes, protégé contre les atteintes du monde *par les épines* (1) de la mortification et les précautions de la modestie, jalouse de réserver toute sa blancheur, tout son éclat, tous ses parfums pour les regards et le cœur de son Dieu. Mais, comme il arrive d'ordinaire aux Saints, plus elle se cachait, plus l'*ami des humbles* (2) la signalait par de nouveaux prodiges.

Laissons parler l'antique légende ; « comme l'ombre » de l'apôtre saint Pierre guérissait les infirmes, de » même la vue de cette Vierge chérie de Dieu, suffisait » pour chasser les maladies. Elle reçut aussi de Jésus, » son aimable époux, en récompense » de sa pureté par» faite, puissance sur les esprits immondes. Elle dé« livrait les possédés (3). » Ce pouvoir, Jésus l'exerça fréquemment par lui-même, nous le voyons dans son Evangile; et il a promis que les serviteurs feraient autant et plus de prodiges que le Maître (4). L'Esprit-Saint résidant au cœur de Solange, l'inondait de ses grâces, dirigeait tous ses pas, la rappelait sans cesse aux purs entretiens de l'intimité divine. Il paraissait jour et nuit au-dessus de sa tête une sorte de lumière semblable à « une étoile qui la conduisait dans toutes » ses démarches (5). » C'est ainsi que les rayons de grâces, dont le Seigneur favorisait son Epouse, resplendissaient au dehors et brillaient dans toute sa conduite.

(1) Cant. 2, 1.
(2) Psalm. 137, 6.
(3) Ap. Bolland. die dec. Maii.
(4) Joan. 14, 12.
(5) Ap. Bolland. loc. cit.

Les qualités naturelles, les vertus chrétiennes, les dons extraordinaires réservés aux âmes d'élite, tout, dans cette jeune Vierge, semblait parvenu à sa perfection. Sa Sainteté se peignait sur son visage et imprimait à ses agréments extérieurs un cachet tout céleste. Consacrée à Dieu et rehaussée divinement, cette beauté ne devait inspirer aux hommes qu'un respect profond et de célestes pensées. L'esprit de ténèbres, irrité des chastes victoires de l'humble Vierge, se servit de sa vertu même pour enflammer de sacriléges désirs. Mais nous allons voir sa fureur déjouée. Solange, qu'il voudrait couvrir d'infamie, va glorieusement accomplir ce sacrifice complet d'elle-même, qu'elle a tant désiré. Ici la patronne du Berry s'élèvera plus haut que cette autre bergère, patronne de Paris. Geneviève, si grande d'ailleurs par ses héroïques vertus, a dû s'arrêter au désir de donner sa vie pour son Dieu : Solange plus heureuse, assortira dans sa riche couronne, les roses du martyre avec les lys de la virginité.

II.

SA GLORIEUSE MORT.

Le pays était depuis peu gouverné par Bernard, comte de Bourges et marquis de Gothie, fils de Blichilde, et d'un autre Bernard comte du Mans. Ce jeune seigneur ternissait de belles qualités par de grands vices. Il était de bonne mine, brave, mais dominé par des passions violentes. Une page qui nous reste de son histoire, nous le montre aventureux, combattant à peu d'intervalle sous des drapeaux opposés, fier, irascible, abandonné aux plaisirs. Le siége métropolitain était alors occupé par l'archevêque Frotaire, quarante-septième successeur de Saint-Ursin l'*Apôtre* du Berry (1). Le nouveau comte eut des

(1) L'opinion qui rapporte au premier siècle l'apostolat de saint Ursin, s'appuie sur une antique tradition. Elle a conquis un important degré de probabilité, depuis qu'un laborieux et

démêlés avec le prélat, s'empara des biens de l'archevêché, et poussa si loin ses violences, que le pape Jean VIII, tenant un Concile à Troyes, fulmina contre lui l'excommunication (1). C'est sous la griffe de ce loup que tomba la timide brebis de Villemont.

Ayant eu connaissance des éminentes vertus et de la rare beauté de Solange, Bernard qui ne savait point mettre de bornes à ses désirs, voulut s'en assurer par lui-même. Sous le prétexte d'une chasse, il part avec un seul écuyer, son confident, et arrive bientôt au champ que fréquentait la chaste bergère. Il la considère, et aussitôt son cœur est blessé profondément. Descendu de cheval, il l'aborde avec des paroles perfidement adaptées aux sentiments pieux dont il la sait pénétrée. Ensuite il lui expose son illustre naissance, sa gloire, sa fortune, et finit par lui exprimer son affection, son désir de l'avoir pour épouse.

Combien cette tentation était délicate ! De moins brillantes propositions ont fait tomber des colonnes de vertu. La servante de Dieu n'éprouve que de l'horreur. Son premier mouvement est d'implorer le secours de son céleste époux (2) : « Seigneur, s'écrie-t-elle avec sainte

modeste savant, M. l'abbé Faillon, a publié les actes du Saint, tirés d'un man. du xe siècle, (Monuments sur l'apostolat de sainte Marie-Magdeleine ; T. II, col. 428). Le P. Van Hecke, l'un des nouveaux bollandistes (T. VIII d'octobre) place au Ier siècle l'origine de plusieurs églises des Gaules.— Voyez aussi l'abbé Briand, histoire de l'église Santone.

(1) C'était au mois d'août 878 (C. fr. Nicquet, S. J. ap. Bolland D. Denys de Ste-Marthe, ap. Gall. Christ.; Longueval S. J. hist. de l'E. gallic.) Bien que Jean VIII soit accusé d'avoir prodigué les excommunications on reconnaît qu'en cette circonstance il procéda avec maturité. M. Raynal, qu'on n'accusera pas de partialité en faveur de l'Eglise, n'incrimine point la conduite du pape (hist du B. t. I p. 309). Cette remarque est utile pour juger sainement le meurtrier de la Sainte.

(2) Les paroles qu'on va lire sont conformes, sans contredit, aux dispositions qui animaient la chaste vierge au moment de son martyre : nous aimons mieux mettre sur ses lèvres le langage tenu en pareille circonstance par des saintes, dont l'exemple lui était connu, que lui prêter, comme l'ont fait plusieurs de ses biographes, des discours de pure imagination.

» Agathe, mon Dieu qui m'avez créée, délivrée de
» l'amour de la bagatelle, et préservée de toute souil-
» lure, ah ! protégez ma pureté et ordonnez-moi d'aller
» à vous (1). » Puis la divine charité fortifiant sa faiblesse naturelle, elle exprime un refus calme mais énergique. Comme sainte Agnès et tant d'autres héroïnes chrétiennes, qui déployèrent dans la tentation un courage surhumain, elle répond : « Sachez-le bien, j'ai fait
» alliance avec celui que les Anges servent, dont la
» beauté efface la splendeur du soleil, qui a pour Mère
» une Vierge et pour Père un Dieu infiniment pur. Pour
» gage de sa tendresse, il m'a nourrie et comme empour-
» prée de son sang (2)... Pour l'amour de Jésus-Christ,
» mon maître, je méprise toutes les grandeurs et tout
» l'éclat du monde. Dès le premier âge, je l'ai compris,
» ce divin Sauveur, je l'ai aimé, je l'ai choisi, je me suis
» donnée à lui, je lui serai fidèle (3). Vouloir disputer
» avec un Dieu, le penser même est un crime abomi-
» nable. » Ces paroles furent prononcées avec un accent qui ne laissait aucune espérance à la passion.

Ce refus qui eût commandé la vénération à tout cœur honnête, ne fait qu'enflammer la grossière passion du comte. Il reprend la parole, met en œuvre tous les moyens imaginables de séduction. Mais le maître intérieur, *qui révèle ses secrets aux petits* (4), apprend à Solange l'art de déjouer tous les artifices : comme sainte Lucie dans un pareil combat, « elle ne donne au tentateur que des paroles pleines de force et de sagesse. Elle en devient plus chère à son Dieu (5). » Plus elle est digne d'admiration, plus s'irritent les infâmes désirs du tentateur. Bientôt il se prépare à obtenir par la force ce qu'on refuse à ses prières. Solange s'échappe et prend la fuite. Bernard la poursuit, l'atteint et se met en mesure de l'enlever. Aidé de son écuyer, il la place devant lui sur

(1) V. Brev. rom. 5 febr.
(2) Ibid. Offic. S. Agnet. 21 januar.
(3) Offic. S. Monic. 4 maii et alibi.
(4) Math. 11, 25.
(5) In conspectu Principis loquebatur, sapientiam et dominus, omnium dilexit eam. (Offic. St.-Luc., 13 déc.)

son cheval, et court ainsi à toute bride, emportant cette innocente victime dont il se flatte d'être le maître pour toujours. Il ne connaissait pas l'invincible courage d'une Vierge chrétienne !

Dieu réside dans son cœur, elle ne sera point ébranlée (1). Comme une autre Suzanne, entre deux périls dont l'un menace sa vie et l'autre son innocence, Solange préfère la mort. L'amour de son divin époux redouble en ce moment l'énergie de sa résistance. Après six cents pas environ parcourus dans une position si cruelle, elle parvient à s'arracher aux bras du ravisseur, et saute précipitamment au travers d'un ruisseau qu'elle rougira de son sang. Le comte frémit de perdre l'objet de sa passion. Il passe d'un amour extrême à une fureur non moins emportée. Il tire son épée, court sur l'héroïque Vierge, et lui tranche la tête. Cette grande et belle âme s'envole au ciel. Solange dès ce moment, devient le modèle glorieux et la protectrice des jeunes chrétiennes de tous les siècles. Immolée en haine de sa virginité, comme d'autres furent immolées en haine de leur foi, elle est vraiment martyre. Les peuples chrétiens lui donnèrent ce titre par acclamation dès le jour de sa mort, l'Eglise l'en revêtit un peu plus tard avec son invariable circonspection.

Ce glorieux trépas s'accomplit le **10** mai, vers l'an **878**, dans un lieu appelé maintenant *la Fontaine de sainte Solange*. Le meurtrier ne tarda pas à recevoir le châtiment de son crime. Aux foudres spirituelles qui l'ont frappé vient se joindre l'indignation de son souverain temporel. Louis-le-Bègue le convainc d'infidélité à sa cause; Il est dépouillé, cette année même, du comté de Bourges, il disparaît, et ne laisse plus aucune trace dans l'histoire. Heureux à ses derniers moments, si l'invincible victime de sa passion s'est vengée à la manière des anciens martyrs, et a daigné obtenir pour son bourreau une grâce de conversion !

Pour Solange, va commencer une gloire sans nuage, non seulement dans le ciel, mais encore sur la terre. Il est fidèle celui qui a promis *d'élever ceux qui s'abais-*

(1) Ps. 46, 6.

sent (1) : les personnages les plus obscurs, parcequ'ils ont aimé l'humilité, voient à leurs pieds dans toute la suite des temps les personnages les plus illustres. Une pauvre fille du peuple morte à Paris au commencement du VIe siècle (512) était bientôt devenue la Patronne de cette capitale (2). A la fin du XIIe siècle (1170), à peu près au même jour que notre martyre, un simple laboureur nommé Isidore, mourra en odeur de sainteté à Madrid, et deviendra le glorieux patron de cette ville, après en avoir été le citoyen le plus ignoré (3). Entre ces deux exemples de l'humilité glorifiée, nous venons de voir mourir une jeune villageoise : elle aussi sera la patronne d'une province considérable et d'une cité qu'on a vue plusieurs fois décorée du nom de capitale.

III.

COMMENCEMENT ET DÉVELOPPEMENT DE SON CULTE. SES MIRACLES. PRÉSERVATION DE SES RELIQUES AU SEIZIÈME SIÈCLE.

Prévenue du don des miracles durant son pélerinage ici-bas, la glorieuse martyre devait continuer d'en jouir au sein de sa patrie céleste. A l'instant de sa mort, suivant une tradition vénérable par l'unanimité des anciens témoignages, Dieu aurait opéré pour notre sainte le même miracle que l'on rapporte avoir été opéré jadis en faveur de saint Denis, martyr et premier évêque de Paris. Assurément, *Dieu qui est admirable dans ses Saints* (4), a fait en eux et par eux des prodiges plus grands encore, et celui-ci n'est pas indigne de sa puissance et de sa bonté. Je traduis l'antique légende : « De cette tête virginale » tranchée par le glaive, comme du vase brisé de sainte » Magdeleine, s'échappa un parfum suave, le nom de

(1) Math. 23, 12.
(2) V. Bolland. 3 die januar.
(3) V. Godescard, 10 mai.
(4) Psal. 67, 36.

» Jésus trois fois répété... Pour exprimer à l'extérieur
» l'entier sacrifice que Solange avait fait de tout son être
» sur l'autel de son cœur, Dieu permit une autre mer-
» veille. Elle-même prenant dans ses mains son chef en-
» sanglanté, semblait encore l'offrir à Jésus, son divin
» chef, et guidée par les Anges, elle le porta jusqu'au lieu
» assigné à sa sépulture par son choix et la Providence.
» C'est là que s'est élevée l'église connue jusqu'à ce jour
» dans tout le Berry sous le nom de *sainte Solange* (1). »

Le terrain était alors occupé par l'église Saint-Martin-du-Cros, ce sanctuaire que la Sainte avait tant de fois visité pendant sa vie, et qu'elle voulut visiter même après sa mort. Le légendaire a pu écrire qu'elle l'avait désigné pour sa *sépulture*. Son corps y fut en effet reporté peu de temps après son martyre. Mais il paraît qu'on l'inhuma d'abord dans un lieu voisin de l'église, où se trouvait alors le cimetière de la paroisse. Une tradition constante indique à la piété des pèlerins la place qu'occupa ce tombeau *transitoire*. Là, au jour même de sa sépulture, commença à se manifester, à l'égard de l'illustre martyre, cette vénération universelle qui s'échangea bientôt en un culte autorisé.

Bientôt, les grâces signalées obtenues à son tombeau, engagent ses compatriotes à exhumer son corps. Placés dans une bière ou châsse plus décente, ces restes précieux sont déposés dans l'église même de Saint-Martin.
« Là, d'après l'antique récit, des aveugles reçoivent la
» vue, des sourds l'ouïe, des muets la parole, des boiteux
» marchent, des paralytiques recouvrent l'usage de leurs
» membres, des captifs, qu'on a recommandés à l'humble

(1) Caput ipsius truncatum a corpore ter Jesum-Christum meruit nominare... Nempe, Virgo Sanctissima, fracto per passionem sui pretiosi corporis alabastro, nardus sui nominis, dum esset rex in accubitu suo, dedit suavitatem odoris... Dedit caput corporis pro Christo capite fidelium animarum. Dum enim truculentus carnifex, caput virginis amputasset, ipsa caput suum propriis sumens in manibus, etc. Ibidem processu temporis, favente Christi clementiâ et fidelium devotione juvante, in ipsius nomine fabricata est ecclesia quæ usque hodie a *Sancta Solangia* per totam Bituriam nuncupatur. (ap. Bolland).

» martyre, voient rompre leurs chaînes, les démons » sont chassés des corps et des âmes. (1). » L'autorité de l'Eglise, toujours vigilante, ne tarde pas à intervenir. Avec l'agrément des premiers pasteurs, sur le modeste tombeau de Solange, s'élève son autel.

Alors arrive pour l'église de Saint-Martin ce qui était arrivé à Paris pour les églises de l'illustre martyr saint Vincent et des apôtres saint Pierre et saint Paul. Ces deux églises avaient pris le titre, l'une de *Saint-Germain-des-Prés*, l'autre de *Sainte-Geneviève*. Sainte Solange, bienfaitrice de ce pays, illustrée par sa naissance, sa vie et sa mort, ne tarda pas à décorer de son nom le bourg et l'église de Saint-Martin-du-Cros. Depuis neuf à dix siècles ils sont l'un et l'autre placés sous son aimable invocation (2).

Chose remarquable ! La divine bonté dans ses desseins de réparation a voulu que dès les temps les plus reculés, de solennels hommages fussent rendus à l'humble Vierge par la même classe de la société d'où était parti le coup homicide. D'anciens manuscrits attestent que les plus puissants Seigneurs entouraient sa mémoire des témoignages d'une publique et continuelle vénération (3). Les murailles de leurs châteaux se couvraient de peintures représentant sa vie et son martyre. Vers ce temps-là même (911), les habitants de Chartres délivrés du siège

(1) Apud Bolland.

(2) On vient de le voir, le légendaire, qui certainement a écrit à une époque reculée, regarde ce changement de titre comme effectué de temps immémorial. — D'après l'abbé Oudoul (p. 141), « un manuscrit dont le P. Berthier faisait grande es- » time, nous apprend que *depuis environ le dixième siècle, elle est* (cette église) *sous l'invocation de sainte Solange.* » Ce jugement du P. Berthier est rapporté par M. Barbier, chanoine de Mézières-en-Brenne qui en 1766 terminait un Pouillé du diocèse, conservé manuscrit au grand séminaire de Bourges. (M. Raynal, T. I. p. 38).

(3) « On voyait, il y a vingt ans, écrivait M. de Barral en 1812, sur les murs des vastes appartements du château de » Brecy, plusieurs scènes relatives au martyre de sainte » Solange. » L'abbé Oudoul, ajoute (p. 141) « qu'elles étaient » peintes à fresque, et qu'au rapport des témoins oculaires, elles » annonçaient une haute antiquité. »

des Normands par les reliques de Notre-Dame, prenaient pour types de leurs monnaies la tunique de leur libératrice, dont ils étaient en possession (1). Par une semblable reconnaissance, d'illustres familles du Berry faisaient graver sur leur sceau l'image de sainte Solange (2), comme pour l'établir dépositaire et protectrice de leurs secrets et de leurs affaires, de leurs affections et de leur fortune.

Du reste, la dévotion des peuples était animée par des motifs plus pressants que les exemples mêmes les plus élevés de ce monde. Le ciel continuait à parler. D'année en année de nouvelles faveurs étaient obtenues par l'intercession de la servante de Dieu. Aussi son culte se propageait-il avec rapidité. D'après un grave auteur (3), on trouve dès le XIVe siècle la trace de processions qui se faisaient en l'honneur de la Sainte avec un immense concours. La reconnaissance publique ne tarda pas à la proclamer patronne du Berry, et l'on ne peut douter que l'autorité ecclésiastique n'ait approuvé ce titre glorieux.

A la fin du XVe siècle la cité de Bourges témoignait sa dévotion pour l'humble bergère. Son ancien hôtel-de-ville, dont la construction fut commencée vers 1488 et qui fait maintenant partie des bâtiments du collége, renferme une grande salle où deux bas-reliefs la représentent gardant ses moutons et subissant le martyre (4).

Après avoir longtemps reposé dans l'humble sépulcre

(1) Voy. *Mélanges d'archéologie* par les PP. Ch. Cahier et Arth. Martin. S. J. T. 1, p. 51 et suiv. Recherches sur le type des monnaies chartraises, par M. E. Cartier.

(2) M. l'abbé Caillaud a eu entre les mains un sceau antique appartenant au propriétaire actuel du château de Brécy, et qui donne pour empreinte l'effigie de sainte Solange. On lit au-dessus *sancta Solangia*. Elle est représentée tenant sa tête en ses mains. Je ne saurais dire, du reste, quelle famille s'en est servi, ni à quelle époque.

(3) Ap. Bolland. T. II. Maii. p. 594.

(4) Catherinot allait plus loin. Il conjecturait dans ses *Eglises de Bourges* que l'église *N. D. de la Courtal*, chapelle de l'ancien collége, avait été fondée peu de temps après le trépas de la Sainte et pour en perpétuer le souvenir.

que lui élevèrent ses premiers serviteurs, le corps de la Vierge-Martyre fut plusieurs fois déplacé et renfermé dans des châsses de plus en plus précieuses. Une des plus célèbres translations fut faite, l'an 1511, le 8 juin, lundi de la Pentecôte, par Messire Denys de Bar, auparavant évêque de Saint-Papoul. Ce prélat y fut autorisé par Jean de Villiers, doyen de l'église métropolitaine, vicaire-général, tant au spirituel qu'au temporel, de Révérendissime Père en J.-C., Monseigneur Michel de Bucy par la grâce de Dieu et du Saint-Siége Apostolique, archevêque de Bourges. Jean de Villiers accorda quarante jours d'indulgence à tous ceux qui assisteraient à la cérémonie ou contribueraient aux frais de la châsse, que l'on préparait (1). On célèbre encore l'anniversaire de cette solennité, et les souverains pontifes l'ont enrichi à diverses reprises d'une indulgence plénière (2).

Denys de Bar, qui a transféré les reliques de sainte Solange en 1511, était le frère de Jean de Bar, Seigneur de Bougy et grand Bailly de Touraine. Il était intimement lié avec Guillaume de Cambrais, vénérable archevêque de Bourges, ami de sainte Jeanne et mort le 31 août 1505. Denys de Bar fonda la chapelle Saint-Denys au côté septentrional de la Cathédrale (Raynal, t. III, p. 245-46).

Au milieu du XVIe siècle, le Berry trembla pour le précieux trésor de ses reliques. De fanatiques adeptes de Calvin faisaient dans toute la France une guerre acharnée aux plus magnifiques monuments de la Religion et aux Saints les plus aimés, les plus vénérés. A Bourges même, en 1562, en même temps qu'ils imprimaient sur les

(1). C'est par inadvertance que l'abbé Oudoul écrit que cette translation des reliques eut lieu « le siège vacant par la mort de l'archevêque Michel de Bucy (sic), arrivée « le 8 février de » la même année. » Dans l'acte d'autorisation, dont j'ai le texte sous les yeux, outre qu'il se donne le titre de vicaire-général de Michel de Bucy : Jean de Villiers dit positivement qu'il procède en ceci ; en vertu des pouvoirs de Mgr de Bucy : Datus Bituris die ultima mensis Maii MDXI, autoritate memorati Reverendisssimi Domini quâ fungimur in hac parte. On s'accorde à dire que cet archevêque est mort en 1512.

(2) Voy. plus bas, chap. 3.

sculptures de la Catédrale des traces ineffaçables de leur fureur, ils brûlèrent les reliques et jetèrent au vent les cendres de saint Guillaume et de sainte Jeanne de Valois. Cette héroïne de la bienfaisance autant que de la piété, cette princesse proclamée par tout le Berry la *bonne duchesse*, ne put trouver grâce aux yeux des *réformateurs* du christianisme (1). On devait s'attendre au même sort pour les reliques de notre Sainte. Bien connues, exposées dans le voisinage du quartier-général des Vandales, dans un bourg ouvert de toutes parts et possédé alors par de puissants Seigneurs infestés du venin de l'hérésie, comment peuvent-elles échapper à tant de passions incendiaires ? Leur singulière préservation fut à bon droit regardée comme un insigne bienfait de la bonté divine, et les fidèles du Berry la célébrèrent dans leurs chants (2). Cette faveur fut le gage de bien d'autres.

IV.

SA PROTECTION SOLENNELLEMENT IMPLORÉE ET RECONNUE POUR L'HEUREUX SUCCÈS DES RÉCOLTES.

Nous avons les relations authentiques de plusieurs processions solennelles du bourg de Sainte-Solange à la ville archiépiscopale, avec la châsse de ses reliques ; notamment dans les années 1635, 1637, 1656, 1657, 1658, 1730 (3). Cette cérémonie avait pour but d'obtenir sa

(1) L'impiété voltairienne, fille du protestantisme, acheva dans la révolution cette œuvre d'ingratitude. Elle expulsa les annonciades fondées par sainte Jeanne. On voit encore près de la préfecture, leur église négligée et toute lézardée. Elle est occupée par la direction d'artillerie et sert de magasin à fourrage.

(2) Voici une strophe d'un chant populaire encore bien connu, et que nous donnerons intégralement au chapitre 3e.

Ob sacras, Virgo, laureas,
Ob *servatas* reliquias
Deo dicamus gratias. Alleluia.

(3) Elles sont toutes rapportées ou indiquées par les Bollandistes, excepté la dernière, postérieure au temps où fut édité le second volume de mai. Celle-ci est rapportée par le docteur Lajoie. Le docteur Loisel nous a donné de celle de 1656 un récit très-détaillé.

protection en des temps calamiteux. Sur la demande des magistrats de la ville, l'Archevêque prescrivait des prières, des jeûnes pour préparer les cœurs à cette importante solennité. Au jour indiqué, deux habitants de Sainte-Solange, choisis parmi les plus pieux, chargeaient sur leurs épaules les saintes reliques. Accompagnés de leurs compatriotes, précédés de leur pasteur, ils portaient ce précieux fardeau, la tête découverte, les bras ornés de fleurs et de guirlandes, les pieds nus. La procession se grossissait bientôt par l'affluence de vingt à trente paroisses environnantes qui s'y joignaient avec leurs croix et leurs bannières distinctives. Ces fidèles serviteurs de sainte Solange étaient reçus à la chapelle de Saint-Lazare (1), par le curé du faubourg Saint-Privé. L'Ar-

(1) Vulgairement *saint Ladre*. On sera bien aise de connaître les quatre églises de Bourges, maintenant détruites ou livrées à des usages profanes, que la sainte honorait de son passage ou dans lesquelles son culte était spécialement pratiqué. On distingue encore au-delà du chemin de fer, dans le hameau de Saint-Ladre, une petite église d'architecture romane, dont on a percé les murs pour y placer des poutres. Cet édifice a plusieurs fois changé de maître depuis sa profanation. La famille laborieuse qui l'habite maintenant me montrait avec douleur un petit autel dont la table et le tombeau en marbre sont encore intégralement conservés. C'est à cette chapelle que s'arrêtait la châsse de sainte Solange. Construite vers l'an 1,000 pour le service d'un hôpital (Catherinot, églises de Bourges, p. 8), elle perdit sa destination à la fin du 16e siècle, quand la lèpre eut à peu près quitté l'Occident, mais elle n'avait cessé d'être visitée avec respect jusqu'à la révolution. — L'église de Saint-Privé, devant laquelle passait la châsse, subsiste encore à l'extrémité du faubourg de ce nom, moins l'abside qui a disparu. La nef et une chapelle sont actuellement occupées par un marchand-épicier. Au devant et à côté on voit un espace vide qui est une partie du cimetière. Cette église était un prieuré-cure qui reconnaissait le monastère de Saint-Ambroix pour fondateur au 12e siècle. Endommagée au siège de 1562, elle fut alors restaurée (Catherinot ibid p. 10). — L'église de *Notre-Dame de Sales*, où l'on offrait le saint sacrifice en présence des reliques, remontait au commencement du 6e siècle, d'après Catherinot p. 10). La légende de saint Ursin, éditée par le P. Labbe (N. B., T. 2) porte qu'il dédia une église à la sainte Vierge, dans des bâtiments appelés *Salæ*, et donnés par saint Léocade. Les actes édités par M. l'abbé Faillon et qu'il juge rédigés à la fin du 5e ou au commencement du 6e siècle (op. cit.)

chevêque et le Clergé, le Maire et les quatre échevins portant de grands cierges allumés, le gouverneur de la ville, le parlement et les principales notabilités de la ville, souvent même de hauts personnages venus de loin à la solennité, allaient, pieusement et en grande pompe, recevoir le corps de leur céleste protectrice. Au milieu des chants pieux de tout le peuple, on traversait les rues jonchées de fleurs et richement tapissées. On portait le précieux dépôt à l'église métropolitaine, de là, après quelques prières, on se rendait à Notre-Dame de Salles, l'un des plus antiques sanctuaires de cette cité, que la fureur révolutionnaire a profané comme tant d'autres. En présence du saint corps, le divin sacrifice était célébré, et les deux porteurs ne manquaient pas d'y faire une communion, à laquelle ils étaient si bien préparés par le jeûne et les fatigues du pieux voyage. La procession à son retour, au lieu d'adresser des supplications, n'avait plus qu'à rendre des actions de grâces.

T. II, p. 410) sans être explicites au sujet de cette donation, ne l'excluent pas et parlent d'un grand nombre de bâtiments donnés par l'illustre néophyte au saint évêque (p. 426). Quoiqu'il en soit de cette origine, ce vénérable édifice horriblement profané comme tous les autres par les calvinistes en 1562 était déjà réparé en 1566. Chaumeau, le plus ancien historien du Berry (p. 225) qui la compte parmi les sept églises canonicales séculières de Bourges alors existantes en 1663 (Catherinot) l'avait perdu au 18e siècle (Etrennes de Bourges pour 1787) mais on le visitait toujours avec respect. Il subsiste encore; on le voit non loin du grand séminaire, caserne actuelle, et son abside s'avance jusque dans le jardin de l'archevêché, maintenant promenade publique; ses murs ont été percés pour y faire des étages et il sert à la manutention militaire. — Enfin, St-Pierre-le-Puellier, dont dépendait l'église de Ste Solange et qui possédait une confrérie en son honneur, après avoir été monastère de Religieuses, devint au commencement du 11e siècle, collégiale de Chanoines (M. Raynal. l. 1 p. 424.) Catherinot pense qu'elle fut fondée vers la fin du 9e siècle pour honorer sainte Solange récemment martyrisée (op. cit. p. 19.) Mgr de Gesvres en fit une simple cure. L'inventaire dressé à cette occasion existe encore (archives du Cher). Cette église occupait une partie de la place Saint Pierre : la Révolution n'en a pas laissé le moindre vestige.

La confiance publique était exaucée. Le 6 mai 1635 (1), pendant une sécheresse désolante, les reliques étaient transportées de Sainte-Solange à Bourges au milieu d'un peuple suppliant. Suivant l'itinéraire accoutumé, la procession traversait la place Gordaine qu'encombrait une multitude pressée mais respectueuse. On entendait de toutes parts des voix qui criaient : sainte Solange, priez pour nous ! sainte Solange, donnez-nous de l'eau ! Un calviniste qui se trouvait au milieu de la foule, ne craignit pas de tourner en ridicule la foi universelle : « A quoi bon » tout ce vacarme, dit-il tout haut ? Sans doute parce » qu'on promène une châsse, les cataractes du ciel vont » s'ouvrir !... » Dieu, pour l'honneur de sa servante, confondit le mécréant. Le Saint Sacrifice commençait à peine dans l'église où la procession avait abouti, que la pluie tombait par torrents.

Deux ans après (1637), dans un pareil besoin, une égale confiance obtint le même secours. La cérémonie se fit remarquer par des circonstances particulières. Le Prince Henri II de Bourbon, père du grand Condé, qui se trouvait alors à Bourges, voulut y prendre part. Le P. André Bullanger, du couvent des Augustins, prédicateur renommé par son éloquence populaire, exhorta les habitants de la ville à cette œuvre pieuse. Quatre à cinq mille personnes partirent et allèrent à Sainte-Solange même chercher les saintes reliques. Le Prince donna l'exemple dans ce pélerinage qui s'accomplit avec autant de piété que de magnificence. C'était le lundi de la Pentecôte, premier jour du mois de juin. Or la procession n'était pas encore repartie de Bourges, que déjà les désirs publics étaient exaucés. « Pendant toute la messe, qui fut » célébrée comme à l'ordinaire dans l'église Notre-Dame- » de-Salles, la pluie ne cessa de tomber avec abondance. » Les années suivantes, toutes les fois que la procession » a été faite, elle a été suivie de la pluie. » Ainsi s'exprime le P. Honoré Niquet, recteur du collége Sainte-Marie, écrivain du temps, et qui avait plusieurs fois ad-

(1) Non pas 1515, comme l'imprimeur de M. Oudoul le lui fait dire par erreur, p. 104.

miré lui-même cette coïncidence merveilleuse. Son traducteur latin, le P. François Ragueneau, ajoute, comme témoin oculaire, un fait du même genre : « Cette année » même 1658, au moment où j'écris ces lignes, la con» fiance du Berry manifestée avec l'expansion accou» tumée, a obtenu la même faveur. » (1).

La procession de l'an 1656, avait eu lieu le 25 août. « Le bienfait fut accordé à l'instant même. » C'est l'expression de Pierre Loysel, docteur de Sorbonne, chancelier de l'Eglise et Université de Paris, curé de Saint-Jean-en-Grève. Se trouvant alors à Bourges, il écrivit la relation de cette grâce singulière, dont il s'appelle « le témoin et l'admirateur. » Il composa même une sorte de cantique latin, chant pour en populariser le souvenir (2). En relisant cette pièce à deux siècles d'intervalle, on y sent palpiter l'enthousiasme et la reconnaissance de toute une province, dont l'écrivain n'était que l'écho affaibli.

L'expérience avait tant de fois montré le recours à sainte Solange comme une ressource infaillible, que l'archevêque Michel Poncet ne craignait pas de le dire hautement dans un document du caractère le plus grave. Dans le bréviaire à l'usage du diocèse de Bourges, publié en 1676, nous lisons : « Les reliques de la sainte martyre » sont un refuge assuré dans l'adversité. Que le sol se » trouve brûlé par la sécheresse ou inondé par les pluies, » un remède efficace à ce malheur, c'est de transporter » les saintes reliques à la ville, dans une solennelle pro» cession. » (3). Un célèbre historien du Berry, avocat

(1) Il est vrai que le P. Niquet ne mourut qu'en 1667; mais il n'a publié que deux éditions françaises de sa *Vie de Sainte-Sologne* (sic), en latin *Solongia*, en 1653 et 1655 (voy. Lelong orator, bibliothèq. historiq. de la France. T. 1, p. 310. Ce fait de 1658 est donc rapporté par le traducteur qui publia sa version en 1659 (ap. Bolland).

(2). Voy. la Thaumassière, l'abbé Oudoul. Cette pièce étant très connue, nous ne la réimprimerons pas avec celles que nous donnons au chap. 3e.

(3) Sanctæ martyris reliquæ... securum in adversis refugium. Nam seu terra siccitate inardescat seu rivulis absque scaturiat, præsens est subsidium sacras reliquias publica supplicatione in urbem extulisse (Brev. bitur 1676.)

au parlement, ne craignait pas d'écrire, vers ce temps-là : « L'expérience nous a fait voir que jamais elle n'a été invoquée, qu'en même temps on n'ait ressenti les effets favorables de sa puissante intercession. » (1).

En 1730, l'intercession de la sainte eut des caractères si frappants, que trente ans après, l'abbé Lajoie, docteur en théologie et curé de Sainte-Croix (église détruite), en parlait encore avec animation. Je ne ferai qu'indiquer son récit. « Le Berry, dit-il, se trouvait désolé par une » extrême sécheresse. On avait fait partout des prières » publiques... le Ciel paraissait insensible à nos vœux... » dans une telle extrémité on se rappela les merveilles » que J.-C. avait si souvent opérées par Solange, son » épouse... A cette pensée, la confiance se ranima dans » tous les cœurs... les magistrats demandèrent, l'arche- » vêque Mgr de la Rochefoucauld, depuis cardinal, or- » donna la procession... Le clergé de Bourges ayant à sa » tête l'illustre prélat et suivi d'un peuple innombrable, » vint à l'extrémité d'un des faubourgs recevoir l'arche » précieuse où reposent les sacrées reliques, qu'on porta » avec beaucoup de pompe dans l'église métropolitaine... » La ferveur des fidèles ne tarda pas à être récompensée... » le ciel en peu de temps se couvrit de nuages, la pluie » tomba avec tant d'abondnce, que la terre en fut bien- » tôt pénétrée et reprit une force nouvelle. Les herbes » desséchées recouvrèrent leur verdure, les blés dont on » commençait à n'espérer plus rien reçurent une nouvelle » vigueur, aussi bien que les arbres, les vignes et tous » les fruits des campagnes. » (2).

En 1763, au fort des progrès de l'incrédulité, un vénérable prêtre, le chanoine Dumont prêchant le panégyrique de la sainte dans l'église de Saint-Pierre-le-Puellier (aujourd'hui détruite) ne craignait pas de rappeler ces faveurs comme étant de notoriété publique : « Plusieurs » fois, disait-il, nous avons éprouvé la vertu de ces pré- » cieuses reliques : par elles nous avons obtenu des temps » favorables pour les fruits de la terre, et soit dans les

(1) La Thaumassière, p. 196.
(2) Lajoie, *vie abrégée* de Sainte Solange, 1759.

» trop grandes sécheresses, soit dans les inondations de
» nos campagnes, souvent nous lui avons été redevables
» d'un air serein ou de pluies bienfaisantes, qui ont
» donné à nos terres une heureuse fécondité. » (1).

Les historiens de la Sainte citent deux autres faveurs temporelles plus étonnantes peut-être que les précédentes, à cause de leur continuité. Le chemin que suivait d'ordinaire sainte Solange, dans le champ qui porte son nom, est marqué et se distingue du terrain environnant par une fertilité extraordinaire. Au témoignage de tous les anciens écrits se joint l'assurance donnée de nos jours même, par de graves témoins.

Voici l'autre merveille. Elle est rapportée par un auteur respectable, qui écrivait au milieu du XVIIe siècle, contemporain du fait qu'il raconte. Il s'exprime en ces termes que je traduis du latin : « Il se fait, dit-il, un
» grand concours dans l'église de Sainte-Solange, le
» 10 mai, jour de son martyre, et le lundi de la Pente-
» côte, anniversaire de la translation de ses reliques.
» Ces jours-là, le peuple occupe un espace de trois,
» quatre et même cinq mille pas, se rendant en pro-
» cession au lieu que la Sainte a illustrés par ses prières
» et à la croix qui indique la place favorite de ses con-
» templations. La route royale ne pouvant contenir ce
» peuple, la foule se répand sur les blés, déjà grands en
» cette saison et dont l'épi commence à se montrer. Par
» une singularité remarquable, ces blés ainsi foulés sous
» les pieds des passants, n'en reçoivent aucun dom-
» mage, et leurs tiges, deux jours après, sont aussi
» droites et vigoureuses que si elles n'avaient rien souf-
» fert. Comme depuis longtemps on parlait de ce pro-
» dige, Henri II de Bourbon, prince de Condé, quand
» il fit, en 1637, le saint pèlerinage, voulut savoir par
» lui-même ce qu'il fallait penser de cette persuasion

(1) Le panégiryque dont je cite un passage, est resté inédit jusqu'en 1828, où l'abbé Oudoul l'a publié Si toutes les personnes qui possèdent des documents honorables pour la religion en ffaisaient le même usage, elles exerceraient un apostolat aussi ructueux que facile.

» commune. Il examina le fait de ses propres yeux, et
» en reconnut l'existence (1). »

« Du reste, ajoute le même auteur, l'observation de
» ce phénomène remonte à une haute antiquité. J'en
» trouve l'indice dans de très-anciens documents. Un
» jour, la procession, accompagnant la châsse de sainte
» Solange, allait à l'ordinaire envahir le champ d'un
» juif qui se trouvait sur son passage. L'enfant d'Israël
» s'y oppose, et menace d'en venir à la violence. Le
» Curé ordonne au peuple de prendre un autre chemin.
» Or, par une visible punition du Ciel, le champ de
» l'Israélite, qui était semé de chanvre de très-belle
» espérance, fut dès ce moment atteint d'une aridité
» extraordinaire, et les plantes qu'on avait voulu épar-
» gner se desséchèrent rapidement. Au contraire, la
» récolte des champs voisins qui semblait écrasée sous
» les pieds des pèlerins, s'éleva vigoureuse et magni-
» fique (2). » Ce n'est pas alors seulement que l'illustre martyre a distribué d'une main la récompense, et de l'autre le châtiment.

V.

LEÇONS MIRACULEUSES QUE LA SAINTE A DONNÉES AUX VISITEURS DE SON ÉGLISE.

Dans les occasions où la débonnaire Patronne a paru se montrer sévère, elle a fait connaître que les grâces temporelles qu'elle accorde, se rapportent dans ses vues

(1) C'est là un bien grave témoin : Le P. Labbe l'appelle « prince par la naissance, le génie, l'éloquence la religion, la fidélité. » Origine Princeps, ingenio, eloquio, Religione, fide. (Eloge de la ville de Bourges ; ad calc. 1647.) Le P. Bourdaloue en parle avec le même honneur, trente-sept ans plus tard. Le prince mourut le 26 décembre 1646, et le P. Bourdaloue a prononcé son oraison funèbre, le 10 décembre 1683. Un éloge prononcé par un tel homme, en de telles circonstances, ne peut manquer d'avoir la gravité de l'histoire.

(2) Apud Bolland. — Voy. plus loin ch. 2.

au bien des âmes, et qu'elle désire avant tout voir les fidèles dévoués à son culte se distinguer dans la pratique des commandements de Dieu et de l'Eglise. Nous choisissons deux manifestations de ce charitable dessein.

Le P. Niquet écrivait, en 1653 : « Il y a peu d'années, » c'est un fait public, deux des hommes qu'on dé- » signa pour porter la châsse vénérée, se trouvaient être » de mauvais chrétiens, connus pour leur immoralité. » Ils se mirent à l'œuvre pour déplacer les saintes re- » liques. Mais la chaste Vierge repoussa le service de » leurs mains impures. Ces deux hommes ne purent » jamais parvenir à transporter hors de l'enceinte sacrée » ce vénérable trésor. »

Le même auteur rapporte un fait semblable : « En » 1631, un des porteurs de la châsse, paroissien de » Sainte-Solange, en rentrant de la procession faite à » Parassy, village voisin, blasphêma scandaleusement le » saint nom de Dieu, à l'occasion de quelque accident » qui arriva. Mais il fut puni pour son péché, sur-le- » champ, à la vue de tout le monde. Un bras du bran- » card, où reposait la châsse, s'appesantit fortement sur » une épaule du porteur coupable, tandis que l'autre » bras s'élevait en l'air. Cette homme éprouvait une » accablante pression, pendant que l'autre porteur ne » ressentait aucune incommodité. Le mouvement de la » châsse fut parfaitement sensible, et le prêtre qui pré- » sidait la cérémonie se mit dessous pour soutenir le » précieux fardeau. Enfin, le blasphémateur ayant re- » connu son péché et en ayant demandé pardon à Dieu, » poursuivit le reste du chemin, portant la châsse avec » la même facilité qu'au moment du départ. (1). »

Ces punitions salutaires ne paraissent pas avoir été rares. Des chants anciens font clairement allusion à ces coups d'une main miséricordieuse. « Qu'on se purifie, » pour entrer dans ce temple; que l'impie tremble à la » vue de ce sanctuaire; que jamais bouche impure ne » vienne profaner par un odieux hommage ces dépouilles

(1) Ce fait est aussi rapporté par le P. Giry. *Vie des SS.* édit. de 1719.

» virginales (1). » Tel est le sens d'une hymne autrefois bien connue. Popularisées par la poésie et soigneusement expliquées par le clergé, ces leçons portaient leur fruit. Les pèlerins croyaient les entendre sortir de la bouche même de l'illustre martyre.

Entrant dans les vues de la sainte patronne, les peuples profitaient du pèlerinage pour assurer leur salut. Les pécheurs s'y convertissaient et les justes s'y fortifiaient dans l'observation de la loi de Dieu. On comprenait alors que le meilleur moyen d'honorer la Sainte, c'est de recevoir les sacrements près de son tombeau. Aussi les pèlerins s'en retournaient-ils comblés des faveurs de leur bienfaisante protectrice. Les vertus chrétiennes pratiquées au sein de la famille comme dans les relations sociales et le bien-être moral qui les suit toujours, telle était la conséquence première du culte de sainte Solange. — Résumons les développements que ce culte avait pris lors de sa plus grande expansion. Nous laisserons au lecteur à conclure combien puissante et salutaire devait être l'influence de cette dévotion.

VI.

AUTRES TÉMOIGNAGES DE LA DÉVOTION PUBLIQUE ENVERS LA SAINTE DEPUIS LE COMMEMCEMENT DU 17e SIÈCLE JUSQU'A LA RÉVOLUTION FRANÇAISE.

Les faits qu'on vient de lire prouvent surabondamment que très-connu dès le XVIIe siècle, le pèlerinage de sainte Solange attirait un immense concours ; qu'un grand nombre de paroisses se déplaçaient, pour ainsi dire tout entières, pour aller lui rendre hommage. Les plus illustres porsonnages se faisaient gloire de partager la dévotion du peuple, et venaient se faire simples et petits au tombeau de l'auguste bergère.

(1) **Nullus hanc intret nisi sanctus ædem.**
Impius sacros paveat recessus ;
Nullus impuro reus ore fœdet
Virginis ossa.
(Voyez la pièce entière, plus loin chap. 3, III°. 5.)

Au dix-septième siècle, les magnifiques processions dont nous venons de dire les succès et la récompense ne furent pas les seules manifestations de la reconnaissance du Berry envers sainte Solange. Au milieu de ce siècle la cité de Bourges accomplissait une œuvre pieuse qu'elle peut se rappeler avec complaisance. En 1511, nous l'avons dit, on renferma les Saintes reliques dans une châsse convenable ; en 1656, les habitants de cette ville en offrirent une magnifique. Elle était sur le même modèle que la première : sur les quatre côtés était ciselée la représentation de six événements principaux, relatifs à la vie, à la mort, au culte de la Sainte. Mais l'exécution nouvelle de ces sujets était beaucoup plus parfaite que celle d'autrefois. La matière n'était plus du bronze doré, mais de l'argent massif. Plus grande que l'ancienne, la nouvelle châsse pouvait la contenir, et on l'y renferma.

En 1676, l'office de l'illustre Vierge, célébré de temps immémorial dans son église particulière, devenait obligatoire pour tout le clergé du diocèse. Vingt ans auparavant le Saint-Siége avait encouragé son culte par des grâces qui en supposent l'approbation. La reconnaissance publique, sans cesse alimentée par de nouveaux bienfaits, ne se montra pas encore satisfaite par ces honneurs rendus à la patronne du Berry. Les habitants de Bourges, par l'organe de leurs magistrats, demandèrent instamment que, pour la ville et la *septaine* (circonférence qui comprenait environ vingt-sept paroisses), la fête de leur protectrice fut célébrée avec une pompe particulière et rendue obligatoire. L'autorité ecclésiastique accepta cette pieuse demande. Le 8 mai 1693, l'archevêque Mgr Philippeaux de la Vrillère, ordonna que dans la ville et sa grande banlieue, la fête de sainte Solange serait solennellement célébrée le 10 mai de chaque année ; que pour cette année seulement, afin d'inaugurer cette solennité avec plus d'éclat, elle serait remise au 18 mai ; et qu'on apporterait en l'église cathédrale la châsse où reposaient les précieuses reliques (1). Cette ordonnance fut exécutée

(1). D'après M. Raynal, qui cite (T. I, p. 314) les délibérations de la ville à ce sujet, on demandait que la *fête* fût célé-

sans nul doute, et la procession dut se faire avec la magnificence et la piété dont la ville de Bourges avait donné tant de preuves. Aussi dès lors on invoquait au loin « la « très-illustre patronne du diocèse de Bourges » (1). C'était un consolant spectacle que celui de tout un peuple fidèle, expansif dans sa reconnaissance envers l'humble vierge-martyre, sa protectrice. Il était beau de voir les plus recommandables familles d'une grande cité, s'agenouiller avec respect et confiance aux pieds des autels d'une pauvre enfant du peuple, glorieuse victime de passions toutes-puissantes. Quelle leçon de modération pour les grands, de retenue pour la jeunesse, de respect pour l'innocence, d'énergie pour la vertu timide, d'ordre, de subordination, d'union charitable entre les différentes classes de la société ! Une population qui pratiquait ce culte avec intelligence et amour, ne pouvait être que vertueuse. Aussi cette dévotion inspirait-elle la verve des poètes, qui ne comprenaient pas la poésie sans l'enthousiasme de la vertu et de la piété. Elle animait l'éloquence d'orateurs, pour qui la parole n'était qu'un instrument de la gloire de Dieu et du bien des hommes. (2) Chaque année on se pressait en foule aux panégyriques de la sainte, surtout dans l'église de Saint-Pierre-le-Puellier, où elle était spécialement honorée.

C'était une collégiale dont le chapitre faisait professien d'honorer d'un culte particulier la patronne du Berry. Sous le pontificat d'Anne de Levy de Ventadour, le Souverain Pontife Alexandre VII (3), par des lettres aposto-

brée dans la ville et la septaine, le 10 mai. » C'est de l'obligation et d'une fête particulière qu'il s'agissait : car l'office et la messe de la sainte étaient célébrés dans tout le diocèse, sous le rit double-mineur, à partir de 1676.

(1) *Celebratissimæ*. C'est l'expression du martyrologe d'Auxerre :1751 qui cite le martyrologe de Paris.

(2) Nous avons déjà cité les prédications du P. Bullenger Augustin en 1637 et du chanoine Dumont en 1763. Quant aux poésies, nous en citerons (ch. 3) qui ne manquent pas de mérite.

(3) Cette bulle se lit dans les Bollandistes. M. Raynal l'attribue à Alexandre VIII. qui fut élu en 1689. Nous aimons à croire que cet anachronisme n'est là faute que du typographe.

liques datées du 6 mars 1657, accorda de précieuses indulgences à une confrérie de sainte Solange, érigée dans cette église. L'année suivante, 1658, par une bulle datée du 19 mars, ce pape plein de zèle favorisait des mêmes grâces la confrérie érigée au sanctuaire même de la Sainte. Sans être canoniquement organisée, une pieuse association de fidèles de l'un et de l'autre sexe, en l'honneur de sainte Solange, existait déjà de fait et depuis longtemps. Ces chrétiens fervents se proposaient de s'animer à toute sorte de bonnes œuvres, par l'exemple et sous la protection de l'illustre martyre : « les confrères « et les consœurs, dit le pape, sont déjà exercés et ha« bitués à produire un grand nombre d'actes de religion « et de charité (1). « Il en cite nommément plusieurs qu'il enrichit d'indulgences. Un siècle après, en 1751, Benoît XIV confirmait tous les priviléges de cette confrérie (2).

Cette association, doublement intéressante, et par les honneurs qu'elle rendait à notre patronne et par les œuvres saintes qu'elle inspirait, se propagea rapidement. Les fidèles s'y aggrégèrent en foule. Des villes même éloignées s'empressèreut d'acquérir ce gage des bénédictions divines. Un registre de la confrérie, commencé à la fin du siècle dernier, vers 1785, existe encore. J'y ai vus inscrits, à côté des simples fidèles de différentes conditions, des membres vénérables du clergé, des religieux carmes, des prêtres de Saint-Sulpice, des chanoines, des vicaires-généraux. On y trouve des confrères de Paris, de l'Yonne, de la Vendée.

Le pèlerinage était toujours florissant. Sans doute le torrent de l'irréligion envahissait la France. Les classes instruites, surtout, avaient beaucoup souffert des atteintes de la littérature et de la propagande voltairiennes. Mais au milieu d'elles il n'était pas difficile de trouver largement *les sept mille qui n'avaient point fléchi le genou devant Baal* (3). Plusieurs de ces chré-

(1). Confratres et consores quam plurima pietatis et charitatis opera exercere *consueverunt*.

(2) Voy. l'abbé Oudoul, p. 147.

(3) 3. Reg. 19, 18.

tiens généreux se glorifiaient encore, malgré l'orgueil et les débordements du siècle, d'honorer la protectrice populaire de l'humilité et de la pureté. D'ailleurs, le peuple et les habitants des campagnes, méprisés par Voltaire et ses adeptes, avaient, grâce à ce dédain, généralement échappé à leurs enseignements corrupteurs. Ils continuaient donc à se presser autour des autels de l'humble bergère. Cette année même, 1853, « une » pauvre paysanne de l'Orléanais, âgée de quatre-vingt-» cinq ans, a visité encore le 16 mai, lundi de la » Pentecôte, le tombeau de la Sainte. Elle avait déjà » accompli ce pèlerinage avant la révolution. Depuis » lors elle a pratiqué presque tous les ans la même » œuvre de piété. Elle se rappelle l'émotion profonde » qu'elle éprouva, lorsque pour la première fois elle fut » témoin de ce concours immense. Il était touchant de » voir avec quelle dévotion les uns priaient, les autres » remerciaient leur bienheureuse protectrice. La bonne » vieille paraissait toute attendrie par ces pieux souve-» nirs de sa jeunesse (1). »

La révolution brisa un moment la chaîne des plus pures traditions de nos pères. L'esprit de ténèbres ne négligea rien pour ruiner à jamais une dévotion qui lui avait arraché tant d'âmes. Ennemi implacable de Dieu et des hommes, il accueillit avec tout l'empressement de la rage, l'occasion de détruire cet humble autel d'où montaient vers les Cieux tant de louanges et de gloire, d'où se répandaient sur la terre tant de bienfaits et de bonheur. Les impies s'emparèrent de la précieuse châsse donnée par la ville de Bourges et en firent la proie de leur sacrilége cupidité. Par un attentat plus horrible encore, ils profanèrent les saintes reliques. On n'a pu jusqu'ici connaître avec certitude s'ils ne détruisirent pas tout ce que la châsse en contenait (2). L'enfer comp-

(1) Note du P. Rollinat, S. J. qui a recueilli sur les lieux mêmes, ce souvenir si près de s'effacer.

(2) Il existe dans la sacristie de Sainte-Solange des ossements qu'on respecte sans pouvoir les proposer à la vénération publique. Voici quelle en serait l'origine. Au moment où les dévastateurs emportaient la précieuse châsse, un homme leur aurait

tait peut-être avoir ôté pour toujours aux serviteurs de la Sainte l'espoir de vénérer encore ses dépouilles mortelles : la divine Providence, nous le verrons, saura déjouer ce calcul. Mais c'est maintenant *une de ces heures laissées à la puissance du mal* (1). Je n'essaierai point de peindre la douleur, les angoises des fidèles serviteurs de de la patronne du Berry. Il vaut mieux indiquer une lueur de consolation, qui diminuait l'horreur de ce sanctuaire désolé. Bravant les fureurs révolutionnaires, les âmes dévouées à sainte Solange ne cessèrent jamais tout-à-fait de visiter le tombeau de leur bienfaitrice. Prosternés en secret devant son autel dévasté, ces chrétiens fidèles la conjuraient de faire briller sur notre patrie des jours meilleurs. Ils furent exaucés. Tandis que des Saints, ce semble, plus illustres, virent à Bourges leurs temples ruinés ou détruits, Dieu protégea dans le voisinage l'église de la bergère martyre (2).

demandé quelques-uns des ossements qu'elle contenait. Ces révolutionnaires plus cupides qu'impies leur auraient permis d'en prendre. Mais toutes les personnes qui auraient pu être entendues dans une enquête, ont disparu. L'authenticité de ces ossements ne sera jamais suffisamment attestée, à moins que la divine bonté ne daigne employer le moyen miraculeux qui fit distinguer la vraie croix de J.-C.

(1 Luc. 22, 53

(2) Cette divine prédilection mérite d'être remarquée. Quels saints avaient plus de droit que les SS. Archevêques de Bourges, à voir conserver leurs temples. Cependant, voyez! de l'Église de Saint-Ursin il ne reste que le portail, œuvre du IIe siècle, transféré, lors de la démolition, dans le mur latéral de la préfecture, près de la porte Saint Michel; saint Austrégésile était le patron de deux églises, l'une au château et l'autre dans l'intérieur de la ville: de la première, qui était la principale, il ne reste que le jubé, dont M. Jules Dumoutet a sauvé les pierres vénérables et qu'il a fait insérer dans la façade d'un appartement original, vis-à-vis la porte du jardin de l'archevêché ; de la seconde, dont la porte était située vis-à-vis de celle de Jacques-Cœur, il reste quelques pans de mur sur le côté d'une maison qui sert de café, mais à peine visibles, et que je dois à l'obligeance de M. le chanoine Avée d'avoir distingués. De l'église dédiée à saint Sulpice-le-Débonnaire, hors de la porte qui porte son nom, il ne reste pas le moindre vestige : seulement les débris qui existaient encore, de l'abbaye bénédictine du

VII.

CULTE DE SAINTE SOLANGE DEPUIS LA RÉVOLUTION JUSQU'AU RECOUVREMENT DE SES RELIQUES.

A peine les églises furent-elles rouvertes, qu'on vit de nouveau se couvrir de pieux voyageurs la route du pèlerinage. On ne pouvait plus, il est vrai, honorer dans ce sanctuaire les reliques de la Sainte Martyre. Mais la mémoire de

même nom, rachetés en 1852 par la charité des chrétiens de Bourges sont devenus l'habitation des admirables hospitalières appelées *petites sœurs des pauvres*. Une autre église abbatiale était dédiée à saint Ambroix, évêque de Cahors, qui, après avoir quitté l'episcopat pour embrasser la vie contemplative, s'était établi dans le Berry, et y était au commencement du 8e siècle, au retour d'un pèlerinage à Rome (Vita S. Ambrosii; dans le P. Labbe N. B. T. 2; elle était possédée par des chanoines réguliers de saint Augustin; restaurée en 1102 par Geoffroi-le-Noble, vicomte de Bruges (charte citée par le P. Labbe, hist. du Berry abrégée édit. de 1637, appendix 5•), elle fut rebâtie, comme celle de saint Sulpice après les ravages de 1562; il n'en reste de bien conservé qu'une partie de l'un des murs latéraux. — Un mot, à cette occasion, sur l'ensemble des anciennes églises de Bourges. En 1556, Chaumeau y comptait sept églises canoniales : Saint-Etienne, Saint-Ursin, Saint-Aoustrille, Saint-Pierre-le-Puellier, N.-D. de Moustier-Moyers et la Sainte-Chapelle (hist. de P. B. 225). En 1647, le nombre des chapitres était encore le même (Labbe hist. abrégée 2, § 6). En 1787, le nombre était réduit à trois : Saint-Etienne, Saint-Ursin, Saint-Aoustrille au château (*Etrennes de Bourges*). La Sainte-Chapelle, endommagée par plusieurs accidents, fut détruite en en 1757. Les amis de l'art chrétien regretteront toujours cette église « faite à la semblance de celle de Paris, mais beau- » coup plus magnifique et excellente au jugement des archi- » tecteurs (Chaumeau, p. 221), ce dernier effort de l'archi- » tecture gothique et le plus beau bijou de structure que l'on » puisse voir « (Catherinot, églises de Bourges). Le nombre total des paroisses de Bourges, en 1683, était de seize, et celui des églises alors consacrées au service divin, de cinquante-six. Catherinot, qui nous en a donné une courte description, nomme aussi plus de trente chapelles domestiques, appartenant la plupart à des abbayes et monastères de la province, dont les religieux se retiraient à Bourges en temps de guerre. Il indique

ses bienfaits y était vivante encore et suffisait pour animer la confiance des pèlerins. On ne l'ignorait pas, et c'est une persuasion autorisée par l'Eglise, la Très-Sainte-Vierge et les Saints, indépendamment de leurs reliques, aiment à choisir, pour la libre distribution de leurs grâces, des lieux privilégiés, où ils se plaisent particulièrement à exaucer la confiance des chrétiens, qui s'imposent de pieuses fatigues, pour venir les invoquer. C'est ce qu'éprouva la piété fidèle à sainte Solange. Plusieurs grâces signalées, furent en ce temps-là, obtenues par son intercession (1).

Mgr Isidore de Mercy, marchant sur les traces de ses plus illustres prédécesseurs, manifesta un grand zèle pour ce culte béni du ciel. Un indult du cardinal Caprara, légat *à latere*, sous la date du 29 décembre 1804, lui donnait des pouvoirs très-étendus ; le prélat les fit servir à la gloire de sainte Solange. Par une ordonnance du 30 avril 1805, il rétablissait au sanctuaire de Sainte-Solange l'antique confrérie avec toutes ses indulgences. Huit jours auparavant, il en avait érigé une autre, en tout semblable, dans la ville même de Bourges. L'église de Saint-Pierre-le-Puellier, qui était autrefois le siége d'une florissante confrérie de sainte Solange, avait disparu sous les ruines. On établit cette dévotion dans l'église métropolitaine. Un prêtre vénérable, l'abbé Pignot fut préposé à cette œuvre. Une chapelle fut ap-

de plus les vestiges ou le souvenir de douze autres églises, la plupart ruinées par les protestants en 1562. Aujourd'hui, elle serait bien plus longue la liste des sanctuaires rasés ou ruinés : il serait digne d'une plume et d'un pinceau chrétiens, de nous retracer tous les lieux sanctifiés par les prières de nos aïeux et le divin sacrifice. Faite avec égard pour les faits accomplis, cette œuvre ne blesserait personne, et consolerait les amis de l'art et de la religion.

(1) L'un des prêtres les plus respectables de ce diocèse « se » rappelle distinctement avoir entendu, il y a une quarantaine » d'années, plusieurs ecclésiastiques très-graves raconter la » guérison merveilleuse d'une dame illustre, dont les œuvres » subsistent encore dans le Nivernais, obtenue en 1804, au sanc- » tuaire même de la glorieuse martyre. » Malheureusement, les personnes qui pourraient donner les détails nécessaires, paraissent avoir toutes quitté la vie.

propriée à cette pieuse destination (1): et les fidèles s'empressèrent de s'enrôler sous la bannière de la patronne du Berry. Vers le même temps, le pieux archevêque étendait à d'autres églises de son diocèse les mêmes avantages, le même moyen de rénovation chrétienne. De pareilles confréries furent érigées à Saint-Cyr d'Issoudun et à Saint-Christophe de Châteauroux. Le 1er juin 1805, Mgr de Mercy approuvait une vie populaire de sainte Solange dont il avait confié la composition à son secrétaire-général le chanoine Villoing, et qui parut accompagnée de prières et de chants depuis longtemps connus. Tous ces moyens contribuèrent à raviver de plus en plus une dévotion qui n'était rien moins qu'éteinte.

Sous Mgr de Villèle, on ne négligea rien pour rendre à ce culte son antique extension et ses fruits salutaires. L'église de Sainte-Solange, élevée le 23 mars 1826 au rang de cure de deuxième classe, devait faire rejaillir cet honneur sur le pèlerinage lui-même. Le 21 octobre de l'année suivante, le digne prélat encourageait la publication d'une vie de la Sainte. Le curé, l'abbé Tisserat, grâce aux efforts de son zèle, avait pu marquer par un petit monument l'un des lieux les plus signalés par le souvenir de l'illustre martyre. Il avait aussi fait exécuter une modeste châsse, bien inférieure sans doute à celle dont la révolution fit sa proie, mais suffisante pour édifier les fidèles et continuer l'antique tradition.

Au défaut des reliques de sainte Solange, dont il ne peut recouvrer aucune parcelle, l'abbé Tisserat, duement autorisé, renferma dans la châsse des reliques authentiques des saints martyrs Vincent et Clément et de

(1) Cette chapelle est la 3e, en se dirigeant vers l'abside, à partir de la porte méridionale Sans doute on y reconnaît que les arts du moyen-âge étaient incompris, mais le zèle était louable. M. l'abbé Coulon, archiprêtre de Saint-Etienne, qui a bien voulu me communiquer la minute de l'ordonnance d'érection de la confrérie et de l'approbation de ses statuts, avait le regret d'ajouter « que dès 1843 cette association était complétement déchue. » Un tableau représente la sainte à genoux aux pieds de la croix.

sainte Eugénie, vierge et martyre. Celle-ci, dont la vie et la mort ont plusieurs points de ressemblance avec celles de sainte Solange, inclinait sans doute la patronne du Berrry à répandre, comme autrefois, ses bénédictions sur le pays qui lui appartient. Le digne prêtre qui s'était dévoué à sa gloire, eut la consolation avant de mourir d'avoir plusieurs fois des preuves signalées de la persévérante bonté de cette Vierge toujours puissante auprès de Dieu. Nous choisissons un fait dont le récit nous est parvenu avec des détails et d'une source qui le rendent trés-recommandable.

Marie Moulin, du village de Cordières, paroisse du Lys-Saint-Georges (Indre), fille d'un fermier, enfant de douze ans, fut atteinte d'une complète extinction de voix. On ne rapporte pas les causes de cette infirmité ; mais la pauvre muette et ses parents n'eurent que trop le temps et le chagrin d'éprouver la réalité et la profondeur du mal. Pendant *quatorze ans*, on n'entendit jamais cette personne proférer une parole. Les médecins à qui elle fut présentée, ne purent en aucune façon lui être utiles. Du reste, forte et laborieuse, Marie était à ses parents d'un grand secours pour la culture de leur ferme. Elle se rappelait ausssi ses devoirs envers Dieu : tous les soirs elle se mettait à genoux pour faire la prière accoutumée. On distinguait bien le mouvement des lèvres, mais on ne pouvait saisir de son articulé. Dans l'état de calme, dans les moments de surprise, dans les plus vives émotions, toujours même silence. On l'avait plusieurs fois engagée à faire le pèlerinage de sainte Solange. Elle s'y était constamment refusée. Enfin, à l'âge de vingt-six ans, en 1834, elle manifeste par signes le désir de visiter ce sanctuaire. On acquiesce à sa demande : elle accomplit cette œuvre avec une foi et une ferveur peu commnnes. Elle fait à pied ce voyage de plus de vingt lieues ; elle jeûne ce jour-là comme elle a coutume de le faire tous les vendredis. Elle assiste aux cérémonies de la grande procession annuelle, le 19 mai 1834, lundi de la Pentecôte. Dieu sait avec quelle confiance son cœur invoque l'illustre martyre. Au moment où elle passe sous la châsse vénérée, une personne lui présente la croix d'un chapelet, en lui demandant ce que c'est. Elle répond : C'est une croix ! A dater de ce moment, elle s'exprime avec clarté et conserve le plein usage de la parole jusqu'à sa mort, arrivée l'année suivante, le 12 avril 1835. M. l'abbé Caillaud, vicaire-général, de qui je tiens ces détails, ajoute : « le fait est » indubitable. Il est au su et au vu de toute la paroisse » de Lys-Saint-Georges, et d'une foule de personnes des » paroisses voisines, que cette fille était allée muette à » Sainte-Solange et en était revenue parlant. Le fait m'a » été raconté, non-seulement par toutes les personnes » de ma famille qui connaissaient particulièrement la » jeune muette, mais encore par Mme Chantal Rollinat, » ancienne visitandine forcément sécularisée par la ré» volution, par son curé, M. Pajot, aujourd'hui curé de » Touchay, qui la vit plusieurs fois avant et après le re» couvrement de la parole, et la confessa dans sa der» niére maladie... Ce n'est pas sans doute un de ces » miracles manifestes, comme la Résurrection de J.-C., » sur lesquels repose la religion et dont l'éclat ferme la » porte à toute subtilité; mais il y a certainement » quelque chose d'extraordinaire dans cette guérison, » qui s'opère à point nommé, au tombeau de la Sainte, » après des œuvres pieusement accomplies en son hon» neur, guérison complète en un instant, sans remède, » sans opérateur, sans effort; et l'on ne voit pas com» ment une personne de bonne foi pourrait s'empêcher » d'y reconnaître une intervention surnaturelle. » Je me tiendrai dans cette sage réserve, et sans prétendre préciser à quel dégré appartient cette grâce singulière, je me contente de faire observer au lecteur qu'elle se rapporte au troisième ordre des miracles que la sacrée Congrégation des Rites admet pour la canonisation des Saints (1).

Si notre Patronne a exaucé la foi confiante qui était

(1). Voyez Bened. XIV de beatificat. et canonis. servor. Dei ; ou l'abrégé de son ouvrage par l'abbé Beaudeau (l. 4. ch. 3. § 3 ; Migne curs. complet. Thélog. T. 8.) ou Ferraris Biblioth. canonic., au mot *miraculum*.

alimentée seulement par le souvenir, on est sans doute plus fondé encore à beaucoup espérer des prières qu'on lui adresse, depuis que son sanctuaire a recouvré une précieuse part de ses reliques. C'est pour glorifier de plus en plus sa servante, c'est pour la faire dispensatrice de nouvelles grâces, que Dieu a préparé cet heureux événement.

VIII.

RECOUVREMENT D'UNE PARTIE DES RELIQUES DE SAINTE SOLANGE, SES FAVEURS RÉCENTES. ÉTAT ACTUEL DE SON CULTE.

A une époque reculée, dont il serait inutile d'essayer la détermination précise, une partie des reliques de la Sainte furent tirées de son sanctuaire et données à l'abbaye de Lorois, appartenant aussi au diocèse de Bourges. L'église de sainte Solange a dernièrement recueilli la récompense de sa libéralité. Totalement dépouillée de son trésor par la révolution, elle a été heureuse de recevoir à son tour une partie du don qu'elle avait fait jadis dans son abondance. Cette pieuse restitution fut projetée, commencée même sous Mgr de Villèle ; mais retardée par des causes inutiles à rapporter, ce n'est que huit ans plus tard qu'elle a été accomplie. Le récit *authentique* du retour des précieuses reliques reste déposé dans la châsse même de la Sainte, muni du sceau archiépiscopal et de toutes les garanties possibles. Cette pièce, qu'il m'a été donné de transcrire, est datée de Bourges le 12 février 1846, redigée et signée par M. l'abbé Caillaud, vicaire-général. Elle me dispensera d'un plus long détail sur ce fait si important pour le pèlerinage. La voici dans son intégrité.

« Les reliques de sainte Solange, que posséde au-
« jourd'hui l'église de la paroisse de Sainte-Solange,
« consistent en un fragment de la mâchoire supérieure
« et une dent de la Sainte, renfermés dans un reliquaire
« d'argent en forme de cœur revêtu du sceau de Mgr l'ar-

« chevêque. C'était l'abbaye de Lorois, ordre de Cîteaux, « sur la paroisse de Méry-ès-Bois, diocèse de Bourges, « qui possédait ces précieuses reliques. Les moines les « exposaient à la vénération publique aux grandes so- « lennités, et les portaient en procession le lundi de la « Pentecôte, à une croix qui se trouvait sur la place, en « face de l'église. Le 9 mai 1786, Mgr de Phélippeaux « étant venu à Lorois, où il resta quelques jours, les « reliques furent exposées tout le temps qu'il passa à « l'abbaye. En 1791, lorsque les moines furent forcés « de sortir de leur couvent, les reliques furent transpor- « tées de l'abbaye de Lorois à la paroisse de Méry-ès- « Bois, par M. Dubé, curé de ladite paroisse, avec un « concours immense de peuple et quarante prêtres ou « autres personnes portant l'habit ecclésiastique. Pendant « la *terreur*, elles furent cachées dans le clocher de « Méry-ès-Bois, par M. Rossignol, curé de la paroisse. « — Ces faits ont été attestés sous la foi du serment par « le sacristain de Méry-ès-Bois (qui cacha lui-même les « reliques avec M. le curé) et par deux autres personnes, « dans une enquête faite à Méry-ès-bois par M. l'abbé « Bonnin, vicaire-général, en 1838. Le procès-verbal de « cette enquête est déposé dans les archives du sécréta- « riat de l'archevêché, ainsi qu'un écrit de M. Olivier, « ancien moine de Lorois et de M. Grossoreille, ancien « curé de Méry-ès-bois, qui confirme et corrobore ces « faits. — L'autre partie des reliques, dont il est parlé « dans l'enquête, est restée à l'église de Méry-ès-Bois (1).

(1) C'est un fragment du crâne. Ainsi, pour ses précieux restes se vérifie de nouveau ce que nous avons remarqué pour son église (VI fin) : la divine providence, par un dessein impénétrable de sa bonté, semble avoir traité avec plus de prédilection l'humble fille des champs que les saints les plus illustres honorés à Bourges. Ne parlons que des SS. Archevêques : saint Ursin et saint Austrégésile sont, à ma connaissance, les seuls dont cette ville possède encore des reliques authentiques : le précieux fragment des os maxillaires de l'apôtre du Berry, que possède le trésor du chapitre métropolitain, est un don de la cathédrale de Besançon fait à Mgr. de Villèle. Il reste de saint Austrégésile une parcelle de ses reliques renfermée, avec celles de saint Ursin et saint Etienne, dans un petit vase en plomb, sous le

« — La minute de l'enquête est signée, Bonnin, vicaire-« général. » Suit la signature de M. Caillaud lui-même. C'est ainsi que le sanctuaire de Sainte-Solange est redevenu possesseur de la plus belle de ses richesses.

Bien aveugle serait celui qui ne verrait point le doigt de Dieu à travers cette suite d'incidents. La divine Providence a souvent manifesté depuis cet événement, ses desseins de bonté sur les fidèles serviteurs de la glorieuse martyre. « Il n'est pas rare, nous disait le respectable « curé de Sainte-Solange, d'entendre les pèlerins parler « avec effusion des grâces extraordinaires qu'ils ont « reçues par l'intercession de la Sainte. » Nous nous contenterons de rapporter deux guérisons extraordinaires qui ont eu lieu la même année, et à huit jours d'intervalle l'une de l'autre.

La première s'est opérée en la personne de Marie Canton, née Bouvard, femme d'une trentaine d'années, qui habite actuellement la Tillardière près Selle-sur-Cher (Loir-et-Cher). Pour avoir occupé pendant quelque temps un logement bas et très-humide, cette personne se trouvait atteinte d'un rhumatisme très-grave. Les soins qu'elle avait reçus de plusieurs médecins n'avaient

milieu de la table du maître-autel de Saint-Etienne, par Mgr Phelippeaux d'Herbault, en 1767 (Rourelot descript. hist. de la cathédrale, p. 105). Mais que sont devenus les corps des autres saints, pasteurs de ce diocèse? J'ai déjà dit la destruction des reliques du plus récent de tous, saint Guillaume, mort en 1209. N'insistons pas sur les successeurs de saint Ursin, antérieurs au 5e siècle, les SS. Sénitien, Æthère « inhumés » dans l'antique église, (maintenant détruite) de Sainte-Croix. (V. Catalog. des Archev. rituel de 174) et saint Viateur dont le corps y reposait encore au milieu du siècle dernier (ibid), Dans l'église saint Ursin fut enterré saint Rodulfe ou Raoul, mort en 866 : là encore reposaient les reliques du saint apôtre transférées en 558, celles de saint Sulpice-Sévère, mort en 591. Dans l'église collégiale du Château avaient été inhumés, en 479, saint Simplicien qui l'avait fait bâtir, et en 624, saint Austrégésile qui en devint le patron titulaire: là reposait aussi le corps de saint Félix, mort vers 579, L'Eglise des Bénédictins, dédiée à saint Sulpice-le-Débonnaire, possédait les dépouilles mortelles de ce saint Evêque, mort vers 644. —Tous ces restes vénérables ont disparu.

produit qu'un soulagement superficiel et momentané. Elle souffrait ainsi depuis plus de deux ans, quand un nouveau séjour dans une habitation humide vint aggraver le mal. Ecoutons le récit simple et sincère de cette chrétienne pleine de foi : (1) « Les médecins ont encore soi-
« gné mon infirmité qu'ils appelaient un *rhumatisme*
« *goutteux* ; mais pas de soulagement. Je suis tombée au
« point de ne pouvoir marcher. C'est, aidée d'une bé-
« quille que je me traînais et toujours grandement souf-
« frante, j'ai été huit mois dans cet état. Le dernier
« médecin m'ayant dit qu'il ne pouvait plus me faire
« autre chose, je cessai de le voir, et je fis vœu d'aller à
« Sainte-Solange. C'était trois mois avant mon pèlerinage.
« Toutefois, pendant un mois encore je continuai les
« bains de pieds qu'on me faisait prendre depuis long-
« temps. Mais tout était inutile. Mon mal augmentait,
« loin de diminuer. Alors j'ai cessé tout remède, et
« pendant deux mois je ne pensais qu'à prier Dieu et
« sainte Solange pour ma guérison. Je demandai la force
« d'accomplir mon vœu ; mais plus le temps s'avançait,
« plus j'étais faible. Il m'a fallu le grand courage que je
« trouvais à prier pour me décider à partir. » Après beaucoup d'incidents et de peines, elle arrive au sanctuaire tant désiré. C'était le jour de la Pentecôte, 19 mai 1850. Elle adresse à la Sainte dans son église, auprès de ses reliques, une prière fervente avec la confiance de plus en plus ferme d'être exaucée. Puis, avec grand effort, elle se fait conduire à la fontaine. « Je me suis mis les
« jambes dans l'eau, continue-t-elle ; tout mon corps
« frémissait ; j'avais déjà senti ce frémissement à l'église ;
« maintenant c'était plus fort. Mais comme je changeais
« dans le bien être que j'éprouvais ! mes douleurs se
« dissipaient ! je suis restée là une heure environ ; elle
« ne m'a point paru longue : toujours je priais Dieu et
« la bonne Sainte. En montant je ne pouvais pas me
« poser sur mes pieds : au sortir de l'eau j'ai marché
« très-facilement et suis allée de nouveau à l'église par-

(1) Ce qui suit est extrait de deux lettres datées de la Tillardière le 6 et le 30 juillet 1853, dont l'original est entre mes mains.

« faitement bien guérie. Le lendemain j'ai été à la messe, « à la procession, comme si jamais je n'avais été malade.» Depuis ce moment elle n'a point éprouvé de sérieuse incommodité. Elle s'est montrée reconnaissante envers sa céleste bienfaitrice. « Pendant ces trois ans, ajoute-t-elle, « j'ai fait mes voyages à Sainte-Solange. Je suis bien « rétablie. Je remercie bien Dieu et la bonne Sainte, « chaque jour. » M. le chanoine Duhoux, à qui je dois cette relation écrite par sa parente, en confirme les détails : « Au moment où elle se rendait au pèlerinage, « dit-il, elle coucha à Vierzon (M. l'abbé Duhoux était « alors curé de cette ville). Elle ne faisait que quelques « pas, avec beaucoup de peine, appuyée sur sa béquille. « Le lendemain elle ne put se lever qu'avec le secours « d'une domestique. Je fus frappé de l'assurance avec « laquelle elle comptait sur sa guérison, par l'interces- « sion de sainte Solange. Quand elle repassa le mardi « suivant, elle marchait sans la moindre difficulté. Elle « fit le chemin de la croix très-longuement et n'en parut « point fatiguée. Ceux qui l'avaient vue lors de son pre- « mier voyage, trois jours auparavant, ne la reconnais- « saient plus et me demandaient si c'était bien la même « personne. » Je laisse au lecteur réfléchi et sincère à juger si une infirmité aussi invétérée a pu naturellement être guérie sans remède, avec cette perfection et cette rapidité.

Au moment même où la personne dont on vient de lire la guérison subite se répandait en actions de grâces aux pieds de la châsse de sainte Solange, à trois lieues de là une autre malade, depuis longtemps clouée sur son lit, s'adressait à cette Vierge débonnaire pour obtenir d'elle un pareil bienfait. C'était une religieuse du Bon pasteur de Bourges. Pauline Barbery, d'Aubigny, (Cher), en religion sœur Saint-Alexis, âgée de vingt-sept ans, fut successivement atteinte, à partir du 20 avril 1850, d'une grave affection de poitrine d'abord, puis d'estomac, analogues, la première à une fluxion de poitrine, la seconde à une fièvre typhoïde. Elle était alitée depuis dix-sept jours, quand sa situation vint s'aggraver d'une troisième maladie, non moins dangereuse. Ce fut une inflammation du péritoine et des intestins compliquée d'une énorme enflure qui montait jusqu'à la poitrine inclusivement. L'irritation était telle que la malade ne pouvait supporter le plus léger déplacement des linges. Dès le principe de la maladie, privée de sommeil, incapable de prendre même du bouillon, elle avalait seulement quelques cuillérées de tisane. Le mal ne tarda pas à présenter des caractères alarmants : la malade fut administrée. On continuait à exécuter les prescriptions de l'art, mais on paraissait très-peu compter sur l'efficacité des remèdes naturels. Cependant le soir de la Pentecôte, 19 mai, veille de la grande solennité du pèlerinage de Sainte-Solange, la sœur Saint-Pothin, maîtresse des *préservées* (1), qui connaissait plusieurs grâces obtenues par l'intercession de la glorieuse martyre, suggéra à sa compagne l'idée de commencer une neuvaine en son honneur. La sœur Saint-Alexis y souscrivit plutôt par complaisance que par confiance : « disposée à mourir, disait-elle, je ne crois « pas que Dieu veuille me rendre la santé. » La neuvaine commence le lendemain : C'est seulement au cinquième jour, que la malade se met à joindre avec ferveur ses intentions à celles de la communauté. Elle boit tous les jours un peu d'eau de la fontaine de Sainte-Solange ; elle se revêt d'une chemise bénite auprès de ses reliques. Cependant le mal est loin de diminuer. La veille du jour de la clôture de la neuvaine, lundi 27 mai, le médecin de la maison, M. le docteur Minier paraissait partager le découragement commun : on l'entendit convenir « qu'il faudrait un mi« racle pour la sauver. » La sœur elle-même « ne croyait » pas, dit-elle, que sa fin pût être éloignée, tant était » forte l'oppression qu'elle ressentait. » Le lendemain, 28, à six heures et demie, la Messe de communauté

(1 On appelle ainsi dans les maisons du *Bon-Pasteur* de pauvres enfants que l'on recueille pour les instruire, les former à la vertu et les garantir des dangers presques insurmontables, auxquels les exposerait leur misère et leur isolement dans le monde. Ce n'est pas ici le lieu de s'étendre sur deux miracles signalés opérés dans la même maison en 1846, et que la sainte Congrégation des rites admit pour la béatification de la B. Germaine Cousin, par son décret du 3 mai 1853.

commence, et autant que le permettent ses vives douleurs, celle qui se croit mourante, s'unit d'intention avec ses compagnes, dont la disposition des lieux lui permet d'entendre les mouvements, aux principales parties du Saint Sacrifice. Déjà le moment de la communion est venu; les religieuses s'avancent successivement vers la Sainte Table, quand la malade éprouve tout-à-coup, en son corps, une impression profonde, comme une sorte de bouleversement, et au même instant elle se sent guérie.. Au grand étonnement d'une autre malade restée à l'infirmerie, elle témoigne le désir de se lever et l'exécute seule. En quelques minutes l'enflure et l'inflammation ont disparu. Elle qui n'a point pris d'aliments depuis trente-huit jours, demande à manger, et mange en effet une très-grande jattée de soupe. Cette nourriture aurait dû naturellement l'incommoder, si l'on considère l'inanition de son estomac, la grande quantité qu'elle en prit, et aussi l'invincible répugnance que même bien portante elle a toujours éprouvée pour cette sorte d'aliment : « toute la communauté le sait, dit-elle, je n'en puis » jamais prendre que quelques cuillerées, et, je dois » l'avouer, c'est pour moi chaque jour une pénitence. » Cependant elle est loin d'être incommodée; ses forces sont subitement revenues. Il y a quelques instants elle ne pouvait faire le moindre mouvement dans son lit qu'avec le secours d'autrui, il fallait même porter la cuiller à sa bouche. Maintenant elle se rend à la chapelle, sans être soutenue. Elle s'y tient à genoux pendant que la communauté chante un *Te Deum* en actions de grâces. Elle se rend ensuite successivement dans toutes les classes, va visiter une chapelle située à l'extrémité opposée de l'établissement au fond du jardin, et suit toujours sans soutien sa supérieure qui marche vite pour éprouver ses forces. A midi elle dîne au réfectoire et partage sans incommodité la nourriture commune qui n'est rien moins que délicate. Le soir, elle peut, sans inconvénient, passer encore une demi-heure à la chapelle, à genoux, pour se préparer à la communion qu'elle se propose de faire le lendemain, afin de remercier Dieu de cette faveur signalée. Elle assiste après la réfection du soir à l'administration des sacrements apportées à une *pénitente* malade, et ne se couche qu'avec la communauté, après neuf heures. — Ces faits me furent attestés les 24, 29 et 30 juin, 1853, au parloir du *Bon-Pasteur*, par quatre des religieuses les plus graves de la maison et le seraient au besoin par toute la communauté. « Je me rappelle fort bien, m'a déclaré le » docteur Minier, que je la trouvai le mardi soir, sans » fièvre, vacant à ses occupations ; que j'en fus extrê- » mement surpris, et que je n'ordonnai plus de remèdes » pour cette maladie. » M. l'abbé Caillaud, supérieur de la communauté, écrit à son tour : « Je l'ai vue moi- » même une fois pendant la maladie qui me parut très- » grave. Je la vis encore avec le confesseur et l'au- » mônier vers les sept heures du mardi soir. Elle » avait un air de santé, la langue était vermeille.... » Toutes les circonstances qui furent observées les jours » suivants, loin de diminuer, ont augmenté dans mon » esprit, la persuasion que cette guérison était miracu- » leuse. » Six à sept mois après, au mois de décembre, la sœur Saint-Alexis eut encore une maladie, mais qui paraît sans connexion avec la précédente ; et, sauf cette interruption, elle n'a pas discontinué, depuis sa guérison extraordinaire, de remplir auprès de ses chères *pénitentes* les devoirs de sa généreuse vocation. Elle déclare « ne s'être jamais mieux portée dans toute sa vie. »

Les faveurs multipliées de la patronne du Berry continuent à rassembler, même de nos jours, une grande affluence autour de ces dépouilles vénérées. Déjà, en 1845, le dernier historien du Berry écrivait : « Le 10 mai, » anniversaire de sa mort, le lundi de la Pentecôte, an- » niversaire de la translation de ses reliques et de la dé- » dicace de son église, une foule immense de pèlerins, » de malades, de mères tenant leurs enfants dans leurs » bras, viennent invoquer son intercession... Ses fêtes » attirent beaucoup d'habitants des provinces voisines, » surtout du Morvans (1). » Il en vient aussi beaucoup du Bourbonnais et de l'Orléanais.

(1) M. Raynal (hist. du B. l. 1, p. 313, 314). Mais cet écri-

Son Eminence le Cardinal-Archevêque, marchant sur les traces de ses prédécesseurs, a multiplié en faveur de cette dévotion les encouragements les plus efficaces. Nous venons de voir, sous son administration, le sanctuaire de la glorieuse Martyre remis en possession d'une portion précieuse de ses reliques. Quatre ans après, en 1850, il a inauguré dans sa cathédrale, avec une grande solennité, la chapelle du S. Cœur. Or, notre Sainte y occupe une place bien glorieuse. Assis sur son autel, comme un souverain débonnaire sur son trône, le Divin Maître adresse à une foule d'infortunés, qui se pressent vers lui dans l'attitude de la prière et de la confiance, ces paroles pour ainsi dire, sorties de son cœur. *Venez à moi, vous tous qui êtes souffrants et surchargés, je vous soulagerai* (1). L'on remarque avec attendrissement, à la tête des groupes suppliants, tout près du tabernacle, source intarissable des grâces, deux Saintes à genoux aux pieds du Sauveur; à sa droite, sainte Jeanne, l'héroïque duchesse du Berry, et à sa gauche, sainte Solange, l'héroïque bergère de Villemont. Touchante et vive expression du patronnage que la Vierge-Martyre continue à exercer en faveur de son pays (2).

Mais parmi les monuments qu'on élève à la gloire des Saints, aucun ne leur plait mieux que les Associations formées en leur honneur. En 1845, sous la date du 11 juillet, Mgr Du Pont approuva de nouveau les statuts de la

vain entraîné à son ordinaire et à son insu peut-être par ses préjugés détruit par une insinuation rationaliste tout l'effet de cette énumération favorable au culte de la Sainte. Ils viennent, dit-il, chercher autour de son église, sinon la santé, au moins l'espérance. Mais n'y aurait-il pas eu depuis tant d'années, des pélerins assez avisés pour s'inscrire en faux contre *une espérance toujours trompée*? La constance seule de ce concours suffirait pour prouver que l'intercession de la Sainte a été le canal de bien des miracles.

(1) Math. 11, 28.

(2) L'autel et ses bas-reliefs sont une création du ciseau de M. Jules Dumoutet, à qui l'art chrétien devra tant d'œuvres et de restaurations précieuses dans cette ville et dans ce diocèse.

confrérie de sainte Solange, rédigés sur le plan des anciens, avec quelques légères modifications. Par son intermédiaire, le Saint-Siége dispensait cette pieuse association du renouvellement septennal de ses privilèges, dont l'obligation lui était restée imposée depuis son rétablissement sous Mgr de Mercy. Sa Sainteté Grégoire XVI lui accordait à perpétuité toutes les grâces spirituelles, dont elle avait joui avant la révolution, et en ajoutait de nouvelles (1).

Grâce à tant de faveurs on peut espérer que cette œuvre pieuse va reprendre un nouvel essor. En 1827, au témoignage de l'abbé Tisserat, » l'association comp- » tait plus de deux mille confrères (2). » Il est à croire que ce nombre n'a pas diminué depuis. J'ai vu, à Sainte-Solange même, sur un registre de la Confrérie les noms de deux princes et d'une princesse qui se firent un honneur, il y a peu d'années, de s'inscrire eux-mêmes au nombre des serviteurs dévoués de la Vierge-Martyre.

Dans les autres églises, soit de ce diocèse, soit des diocèses voisins, où la Confrérie a été quelque temps florissante, les liens sans doute n'en sont pas tellement rompus, qu'il n'en reste encore d'intéressants vestiges. A Issoudun, on vient d'orner la chapelle de l'Association d'un vitrail qui représente la Sainte. La cathédrale de Nevers possède une châsse, renfermant une statue de la patronne du Berry. Les confrères la portent chaque année, processionnellement, le lundi de la Pentecôte. Cette année même, 1853, la cérémonie s'est accomplie avec une grande affluence des campagnes voisines et de vives démonstrations de foi et de reconnaissance pour la Protectrice de la France centrale.

Puisse cette dévotion salutaire se ranimer de plus en plus! Dieu, qui l'a conservée pendant mille ans, a fait entendre assez clairement qu'il a dessein d'en faire un moyen perpétuel de gloire pour lui-même et de salut pour les âmes.

(1) V. plus loin chap. 3, III°.
(2) Lettre citée par l'abbé Oudoul, p. 151.

CHAPITRE DEUXIÈME.

STATIONS DES PÈLERINS ; LIEUX SANCTIFIÉS PAR LA PRÉSENCE DE LA VIERGE MARTYRE.

On étudie, avec curiosité, les moindres détails de la vie des personnages humainement célèbres, souvent même, des hommes les plus tristement fameux. On veut se procurer les objets qui furent à leur usage ; on considère avec une minutieuse attention les lieux qu'ils habitèrent. Avec combien plus de raison, le chrétien, dont le jugement est rectifié par la foi, ne doit-il pas visiter les lieux illustrés par la vie et la mort de notre chaste héroïne et sanctifiés par les grâces admirables, dont elle y fut comblée ! — Pour faire convenablement ce pieux parcours, priez, cher pèlerin, suppliez la Sainte de vous faire participer aux dispositions excellentes de son âme.

I. — Le hameau, où naquit la Martyre, le Val-de-Villemont, n'existe plus. Son emplacement est couvert par une prairie, qui s'appelle le *Pré-Verdier*. Cet endroit est éloigné d'environ une demi-lieue, du bourg et de l'église alors appelés Saint-Martin-du-Cros, et depuis connus, uniquement, sous le nom de l'humble bergère qui dût si souvent la visiter (1).

(1) L'abbé Oudoul écrivait en 1828 : « On voit au milieu du » Pré Verdier les ruines d'une maison qu'habitait, dit-on, sainte » Solange (p. 90). » Le 4 mai 1853, je n'ai pu, malgré toute mon attention, en découvrir aucun vestige. — Cette prairie est située vers le N.-E. de Sainte-Solange, entre deux collines presque parallèles, contigues à la fois aux propriétés de *Villecomte* et à celles de *Billeron*. Elle est longée vers l'Est par un petit cours d'eau qui va se perdre dans l'*Aoutier*, à un kilomètre plus près du bourg de Sainte-Solange, auprès de quelques maisons encore appelées *Villemont*, M. l'abbé Charbonnier a fait élever, en 1846, une modeste croix, qui est visitée par quelques pèlerins, pour honorer la naissance de la Sainte. — Il serait désirable qu'un signe commémoratif, érigé au Pré-Verdier même, indiquât à la piété des fidèles son véritable lieu natal.

Si vous ne pouvez, pieux pèlerin, aller jusqu'à son lieu natal, priez devant une croix, qui en est peu éloignée, dont l'abord est facile, et que vous apercevrez près du village presque détruit de Villemont. — Au souvenir de son berceau, réfléchissez, c'est là, dans ces champs voisins, qu'elle consacra par la pratique de toutes les vertus chrétiennes, cette enfance, cette jeunesse si pures.... Et vous, avez-vous offert à votre Créateur et Sauveur ce temps de votre vie, le plus précieux, le plus beau? Rentrez en vous-même, regrettez, priez, prenez confiance!

II. Le pâturage, où la sainte bergère menait chaque jour paître le troupeau paternel, s'appelle maintenant le *champ de Sainte-Solange*. Il est situé, par rapport au *Pré-Verdier*, sur le côté opposé du bourg, éloigné de celui-ci d'environ un quart de lieue. La chaste Vierge devait donc, chaque jour, conduisant et ramenant son troupeau, traverser ou tourner ce bourg de *Saint-Martin-du-Cros*. Elle y portait l'édification par sa modestie, et son cœur ne manquait pas de saluer en passant celui qu'elle ne perdait jamais de vue. Elle arrivait ainsi, après une marche de trois quarts de lieue, dans le champ que le souvenir de ses oraisons a rendu vénérable. Elle s'était fait, d'après la tradition, une sorte d'oratoire rustique dans ce lieu retiré. Une croix de bois l'indique aux pèlerins. Dès le milieu du XVIIe siècle « le peuple depuis « longtemps était dans l'habitude d'en couper de petits « fragments comme remède aux maladies (1). » Cette pratique se continue; et l'on est obligé de renouveler souvent ces croix, dont les morceaux ainsi découpés sont devenus, de nos jours même, au témoignage de l'abbé Oudoul, l'instrument de plusieurs prodiges. La Sainte attendrie intercède pour ces chrétiens, dont la foi vive la supplie avec plus d'ardeur à l'occasion des souvenirs pris en ce lieu, témoin de ses oraisons. Leur piété lui rappelle avec délices les grâces dont elle y fut comblée si souvent par le divin Epoux des âmes pures.

Bien plus, d'après la persuasion commune des habi-

(1) Apud Bolland.

tants du pays, le bienfaisant pouvoir de la martyre se manifeste habituellement, dans ce sol béni, par une vigueur particulière de la végétation. Cette manifestation, périodiquement extraordinaire, n'offre pas plus de difficultés et est aussi aisée à reconnaître que l'ébullition annuellement miraculeuse du sang de saint Janvier, à Naples, admise par les plus sévères observateurs (1). On vous montrera donc, cher pèlerin, dans le champ de la Sainte, la direction du sentier, qu'elle parcourait ordinairement dans ses méditations. Il y a deux siècles, un témoin oculaire, des plus graves, écrivait : « Ce sentier « que foulèrent si souvent les pieds de l'épouse de J.-C. « présente à peu près la largeur d'un char. Il se distin- « gue, dans ce champ, comme la voie lactée dans le « Ciel. La moisson y est plus épaisse que partout ailleurs, « plus vigoureuse et plus haute d'un demi pied (2). » Les années se sont écoulées, les mœurs ont étrangement changé ; mais Solange, toujours constante dans sa protection, a voulu toujours retenir le même phénomène, qui est comme une aimable expression de sa bienfaisance. En 1827, l'abbé Tisserat « prêtre sage et expéri- « menté, » disait à l'abbé Oudoul qui le rapporte : « Oui vraiment, le chemin de la Sainte continue à se « marquer annuellement par une récolte plus abon- « dante. Je l'ai vu moi-même et l'ai fait observer à des « hommes peu crédules, qui en ont été frappés. » M. l'abbé Charbonnier déclare aussi avoir constaté le même fait, mais non avec la même précision de périodicité : c'était seulement quand le blé avait été semé à la fin de l'automne ; les semailles printanières ne lui ont pas donné lieu d'observer le même phénomène, peut-être à cause du développement moins élevé, que prennent d'ordinaire les grains jetés en terre plus tardivement. Quoi qu'il en soit, le fait se trouve toujours garanti pour le premier cas : « En 1851, notamment, les tiges, qui

(1) Voy. V. g. Godescard, 19 septembre.
(2) Apud Bolland. — Sur ces faits nous avons déjà cité plusieurs témoignages (ch, I. IV). Nous n'avons pas voulu les accumuler tous au même endroit ; mais le lecteur peut les rapprocher, s'il l'aime mieux.

« avaient poussé sur le chemin de Sainte Solange, étaient « plus élevées que les autres d'environ dix centimètres, « plus nourries et remarquables par un vert plus vif. »

Ce digne ecclésiastique a remarqué aussi l'autre phénomène de végétation, que nous avons également signalé plus haut, d'après les anciens auteurs. « En 1837, dit-il, « sur le terrain qui aboutit à la fontaine de Sainte So- « lange, le seigle, au moment où les épis étaient déjà « visibles, avait été foulé aux pieds par les pèlerins, au « point qu'il n'en restait plus que les racines. Or, au « temps de la moisson, il était parvenu à la même hauteur « que l'autre. Seulement il était un peu plus tardif (1) : « huit à dix jours après, il aurait eu sa pleine maturité. » Ces faits observés par tant d'hommes graves, et à des intervalles si considérables, offrent assurément aux yeux de tout observateur impartial, quelque chose de réel et d'extraordinaire.

Vous pouvez, fidèle pèlerin, conjecturer pieusement que, dans les desseins de la divine Bonté, cette fidélité singulière est une image de la fécondité spirituelle que la grâce demande à votre âme. Toute faveur temporelle est la figure d'une faveur plus excellente que Dieu désire vous accorder. Les plantes qui croissent sous les pas de Solange, sont admirablement belles : c'est que le *juste* lui-même, *comme un arbre planté le long des eaux, porte des fruits en leur temps* (2). Priez, conjurez la sainte de vous obtenir la constance nécessaire pour semer patiemment dans votre champ intérieur d'abondantes bonnes œuvres et le bonheur de recueillir une riche moisson de mérites.

III. — A partir du *champ de sainte Solange*, en suivant l'inclinaison du terrain, vous arriverez en quelques instants au lieu à jamais mémorable, où s'est accompli le martyre. Ce point est appelé de temps immémorial, la *fontaine de sainte Solange*. Ce n'est point, à vrai dire, une source, mais seulement le coude formé par un regorgement de la petite rivière du pays. Recueillez-vous

(1) P. 94.
(2) Ps. 13.

en touchant ce sol vénéré, que vous pouvez vous représenter tout rougi encore de ce sang virginal. C'est ici que l'esprit mauvais s'est flatté de vaincre la timide innocence de l'épouse de Jésus-Christ ; et c'est ici que les anges l'ont couronnée (1) !

Il n'est pas étonnant que les serviteurs de notre Sainte visitent ce lieu avec empressement, ni que la martyre y récompense leur dévotion ; mais il est plus qu'étonnant que certaines personnes aient paru oublier l'acte héroïque consommé sur cette terre sanctifiée. « Les pèlerins, dit « l'abbé Oudoul, attachent beaucoup de prix à s'y laver, « et des témoins respectables disent y avoir vu s'opérer « des guérisons ; mais ils regrettent qu'on n'y apporte « pas plus de décence, le sexe surtout. » Depuis 1828, où se publiaient les lignes qu'on vient de lire, d'autres faits sont venus prouver que la sainte bénit la foi et la modestie qui viennent l'honorer, en visitant pieusement ce lieu (2).

Quant à l'abus étrange, qui était signalé il y a vingt-cinq ans, on aime à croire que ce reproche bien mérité l'aura fait disparaître totalement. S'il en restait encore quelques traces, quand vous passerez là, cher pèlerin, ayez soin d'en témoigner toute votre horreur. Ne serait-pas abominable de profaner par des immodesties un lieu sanctifié par le martyre de la pureté ? — Vous, chrétien intelligent et fidèle, en visitant la *fontaine de sainte Solange*, montrez votre prédilection pour l'aimable et délicate vertu. Omettez plutôt cette pratique, si vous ne pouvez la concilier avec la plus exacte pudeur. Que si vous tenez à baigner vos pieds ou vos mains dans cette eau pleine de souvenirs, faites-le modestement, en esprit de religion, considérant cet acte comme un symbole de la candeur intérieure, que vous désirez obtenir. Demandez à l'illustre vierge martyre la grâce de purifier de plus en plus votre âme, votre cœur, vos sens, la force de repousser toujours et à tout prix tout ce qui pourrait

(1) Voyez Appendice XI, détermination précise du lieu du martyre.

(2) Voyez Appendice IX.

déplaire au Dieu trois fois Saint. Conjurez-là de vous rendre votre innocence par les sacrements, si vous avez eu le malheur de la ternir ; ou bien si vous l'avez réparée ou conservée, la grâce de chasser bien loin de votre imagination tout ce qui en pourrait ternir le cristal céleste.

IV. — Le *tombeau de la sainte*. A une centaine de pas de l'église de *Saint-Martin*, vers le couchant, dans un terrain où la pioche heurte encore de moment à autre contre des ossements, était situé, au temps de sainte Solange, le cimetière commun de la paroisse. C'est là que, d'après la tradition, le vénérable corps fut d'abord enterré. — Quand Dieu manifesta la gloire de sa servante, ses précieux restes, comme nous l'avons raconté, furent pieusement exhumés, mis dans une châsse en bois et placés dans l'église, qui prit bientôt son nom béni. Ce lieu de sa première sépulture n'a jamais cessé d'être visité. « Il y a quelques années, raconte l'abbé « Oudoul, on y voyait seulement une modeste pierre, qui « servait d'indice. En 1821, M. Tisserat voulut, plein « de respect pour la foi des peuples et de piété pour son « auguste patronne, y élever un monument. On voit sur « quatre marches, qui font une hauteur de trois pieds, « une tombe en forme d'autel à la romaine, surmontée « d'un petit dôme et d'une croix en fer. Sur les deux « devants de l'autel est un écusson rempli par les ini- « tiales des deux mots *sainte Solange* (S. S.) (1). » Le premier dimanche de chaque mois, aux rogations, à la fête Dieu, aux fêtes de la sainte, on se rend à ce monument, par de belles allées d'arbres (2).

C'est ici, pieux chrétien, un lieu bien favorable pour recommander à l'intercession de la sainte vos parents défunts. — Demandez-lui pour vous même la grâce des grâces, une bonne mort. Conjurez-là de vous en obtenir le moyen assuré, la mort spirituelle, la victoire sur toutes vos inclinations contraires à la loi divine. Suppliez-la de

(1) P. 135, 136.

(2) Cette plantation est due aux soins d'un maire distingué M. le contre-amiral Duquesne, ce généreux marin qui fit si noblement, il y a quelques années, les honneurs de son bord à S. S. Pie IX. alors exilé de ses états.

mettre en vous la détermination droite, ferme, généreuse de servir Dieu, cette *bonne volonté*, à laquelle le Sauveur a fait annoncer la *paix* (1), et qui est le gage de la persévérance finale.

V. — Nous voici maintenant devant l'*église de Ste Solange*. « Cette église, dit un de nos auteurs (2) porte « les caractères de la plus haute antiquité. Selon la tra- « dition constante du pays, elle est la même que celle « qui fut dédiée à saint Martin de Tours, mort en 402. » Nous avons vu, d'après de graves autorités, qu'elle paraît être placée sous l'invocation de sainte Solange, depuis neuf à dix siècles (3). Mais la tradition, qui indique son idendité avec celle de saint Martin, s'explique suffisamment si l'on admet, comme la vraisemblance y engage, que l'église actuelle a été rebâtie sur les *fondements* d'une autre plus ancienne. Quoiqu'il en soit de l'origine précise de cet édifice, probablement remanié plusieurs fois, il est certain que messire Denis de Bor, en fit la dédicace solennelle le 8 juin 1511, lors de la plus célèbre translation des reliques de la sainte.

Au-devant de l'église se présente à nos yeux une tour carrée, haute d'environ cent-cinquante pieds. Cette tour, de la même largeur que le vénérable édifice, en couvre ainsi la façade par une sorte de portique, formé de trois grands ceintres, et qui ne manque pas de dignité. Elle porte les caractères de l'architecture chrétienne du XIe au XIIe siècle. « La longueur totale de l'édifice est de soixante pieds (4). » Autrefois, la tour était surmontée par une aiguille très hardie et fort belle, et possédant cinq cloches. Le 28 avril 1785, un horrible incendie consuma tout le bourg, à l'exception de trois ou quatre maisons, détruisit l'aiguille et fondit toutes les cloches. L'aiguille fut remplacée par une flèche moins élégante, que termine une croix en fer. — On dirait que, par ce désastre, la divine bonté voulait donner un présage de la désolation profonde qui allait bientôt peser pendant la

(1) Luc. 2, 13.
(2) Odoul, p. 141.
(3) V, plus haut ch. Ier, III.
(4) Oudoul, même endroit.

terreur, sur cet édifice vénérable. Mais elle laissait aussi entrevoir qu'après avoir purifié les cœurs par la tribulation, elle voulait les ranimer par l'espérance. La nef de de l'église, attaquée par le feu avec violence et en douze endroits, fut pourtant conservée intacte. L'archevêque, Mgr Philippeaux d'Herbault, qui la visita quelques temps après, le 10 juillet 1785, témoigna « que l'on devait « attribuer à une protection particulière de la patronne « du Berry, la conservation de son temple (1).

Entrez, heureux pèlerin, dans cet antique sanctuaire, avec respect et dévotion. Adorez-y Jésus-Christ, en union avec les dispositions qu'y portait sainte Solange, dont le cœur était si ardemment dévoué à son céleste époux. L'amour envers Jésus-Christ au Saint-Sacrement est l'âme du Christianisme. Obtenez cet amour, et, sans nul doute, vous serez digne du beau nom de chrétien. Pour le demander avec plus de ferveur, allez aux pieds des saintes reliques.

VI. — La châsse de sainte Solange, où l'on vénère les reliques recouvrées en 1846 (2), a été acquise en 1818. Aux temps ordinaires, on la voit à travers une grille en fer, au fond d'une cavité en forme de niche, pratiquée sous le mur latéral du chœur, vers l'autel, du côté de l'évangile. Elle est de forme carrée. Sa longueur est de vingt-deux pouces ; sa largeur de onze ; sa hauteur de dix-huit y compris le petit dôme qui la couronne. La matière est simplement de noyer doré ou argenté. Cette châsse est donc fort inférieure en richesse à celle dont la rapacité révolutionnaire fit sa proie. Mais elle en rappelle le souvenir par l'ensemble de six bas-reliefs, que séparent autant de pilastres, et qui retracent l'histoire de la

(1) Dans le récit de l'abbé Odoul, qui rapporte ces faits, la visite pastorale dont il est ici question est attribuée à Mgr de la Rochefoucauld. L'auteur tire sa relation des registres de la paroisse, dont il donne même un extrait textuel. Mais, si la date de 1785 assignée à l'incendie est exacte, et je n'ai pu me convaincre qu'elle fut fausse, il faut dire que le copiste a confondu, par mégarde, le nom de Mgr de la Rochefoucauld, avec celui de Mgr Phélippeaux.

(2) V. plus haut, ch. I, VIII.

vierge martyre. C'est ainsi que, d'âge en âge, on a toujours reproduit l'antique modèle, suivi par les artistes de 1511. Peu remarquable sous le rapport de l'art, la châsse actuelle a du moins l'avantage de parler aux yeux des fidèles et de les porter à de pieuses réflexions.

Elle renferme une autre petite châsse vitrée, contenant elle-même un reliquaire d'argent en forme de cœur, authentiquement scellé et dont les bords sont en vermeil. Ce reliquaire, avec son précieux trésor, repose dans cette seconde châsse, sur un coussinet en satin cramoisi, sous lequel on entrevoit deux pièces revêtues des armes de S. E. le Cardinal Archevêque et du seing de M. l'abbé Caillaud, vicaire général. Ce sont le procès-verbal du recouvrement des reliques et la permission de les exposer à la vénération des fidèles. On distingue clairement dans l'intérieur du reliquaire un fragment notable de mâchoire et une dent qui s'en est détachée.

La châsse est tirée de sa niche, aux solennités du pèlerinage, notamment le 10 mai et le lundi de la Pentecôte. Ces jours-là, elle reste suspendue dans la nef, à la distance d'environ deux mètres des grilles du chœur, à une hauteur d'environ quatre mètres. C'est là que, durant tout le jour, elle reçoit les hommages d'une foule pressée et pieuse. Dans la procession annuelle, des confrères désignés se chargent successivement du précieux fardeau. On voit toujours une foule de malades qui passent dessous à travers les porteurs : « La foi vive, écri« vait l'abbé Oudoul en 1828, y obtient souvent des prodiges ; » et depuis que ce mot a été écrit, plusieurs événements l'ont encore confirmé (1).

Entrez, pieux pèlerin, dans les sentiments de cette foi confiante. Là, près de vous, repose donc ce trésor, dans lequel des populations entières, tant de générations, tant de milliers d'affligés mirent leur confiance. Voici, à deux pas de vous, une portion de ce corps jadis habité par une âme magnanime, de ce corps qui fut le temple privilégié

(1) V. plus haut, ch. I, VII. Une muette guérie au moment où elle passait sous la châsse. — L'abbé Oudoul parle en général de faits pareils (p. 156).

de l'adorable Trinité, et dont l'esprit de Dieu fit l'instrument d'une vie héroïque et de si admirables bienfaits! Renouvelez tous les sentiments de votre dévotion envers la Sainte, et demandez-lui la grâce spéciale, dont elle sait que votre âme a le besoin le plus urgent. — Demandez-lui aussi la propagation de son culte et le renouvellement de la Foi pratique dans ce Berry, sur lequel, autrefois, elle a si souvent fait descendre une pluie abondante de célestes bénédictions.

VII. Pour emporter au fond de votre âme un souvenir efficace et vivant de notre Sainte, il pourra vous être utile de parcourir dans le chœur et au bas de la nef, des tableaux qui représentent les détails de sa vie. Ce sont, pour le fond, les sujets successivement représentés sur les châsses, qu'ont offertes à l'illustre Vierge martyre les XVIe, XVIIe et XIXe siècles. Les deux tableaux les plus rapprochés de la nef, fixés aux deux colonnes opposées qui forment l'entrée du chœur, sont en tapisserie, et ils ont un siècle et demi d'existence. Mais quoique déjà ternis par leur vétusté, ils sont bien préférables, pour la piété et le bon goût, aux quatre autres qui sont des peintures récentes (1).

Parcourez pieusement les scènes de ce drame lamentable et glorieux. Voici l'ordre des sujets, tels qu'ils sont disposés, et dont trois se trouvent répétés au fond de la nef. Le 1er tableau représente la jeune sainte, à genoux aux pieds de sa croix et entourée de ses brebis. — Dans le 2e, la pieuse bergère est encore auprès de son troupeau. Le comte à pied lui parle et la sollicite. L'écuyer

(1) Je suppose ici les tableaux disposés comme je les ai vus en mai 1853. — En 1828, les six tableaux du chœur étaient encore tous en tapisserie. (Oudoul, 136). Aujourd'hui on n'y voit plus de ces anciens tableaux que le 1er (prière de la Sainte dans son champ) et le 6e (concours des pèlerins à son tombeau) Le fond de la nef se voit encore tapissé de trois autres, qui sont : le 2e (tentation), le 3e (enlèvement) et le 5e (la Sainte portant sa tête). Les débris du 4e (décollation) subsistent encore à la sacristie. Au bas de ce dernier on lisait cette inscription en laine rouge. *Cette histoire, en tapisserie, de sainte Solange a été faite en* 1764 *des deniers de la confrérie.* Ce travail faisait honneur aux manufactures d'Aubusson.

paraît dans le fond à cheval. — Dans le 3ᵉ, le comte à cheval, aidé de son écuyer, se prépare à enlever Solange toujours invincible. — Dans le 4ᵉ, le séducteur irrité lève le fer sur l'innocente, mais intrépide victime, Solange inclinée attend avec résignation le coup de la mort. Derrière le comte, son confident se laisse entrevoir avec l'expression d'un homme stupéfait. Un ange descend du ciel, une couronne à la main. — Dans le 5ᵉ, sainte Solange debout, la tête dans ses mains, se dirige vers l'église de Saint-Martin. Derrière la martyre, le comte et l'écuyer courent à toute bride. — Enfin, dans le 6ᵉ, un groupe de pèlerins sont humblement prosternés autour de la châsse vénérée.

En présence de cet ensemble si émouvant, gravez dans votre mémoire un profond souvenir de la vie de sainte Solange. Ranimez tous vos sentiments d'admiration, de reconnaissance pour elle. Promettez à ses pieds de reproduire, dans votre conduite, selon votre vocation et la mesure de la grâce, quelques-uns des traits de son héroïsme. Formez la résolution de propager la connaissance de sa vie pour sa glorification et le bien des âmes.

VIII. Avant de quitter ce sanctuaire, visitez une modeste chapelle de la nef, du côté de l'Evangile, dont l'autel est dédié à l'illustre martyre. Le maître-autel est surmonté d'un tableau de l'Assomption, L'humble vierge de Villemont semble ainsi marquer sa déférence profonde pour la Mère de Dieu, que durant sa vie elle invoqua toujours comme sa Protectrice spéciale et son modèle. Dans sa pauvre chapelle, elle est représentée comme dans le premier tableau du chœur, au pied de la croix et environnée de ses brebis.

Cet humble autel n'est-il pas un lieu favorable pour demander l'efficace désir de vous sanctifier, par l'accomplissement obscur mais assidu des devoirs de votre condition ? Il y a un mérite inappréciable dans cette immolation volontaire de chaque instant de sa vie. — Vous pouvez aussi implorer pour tous ceux dont le bonheur vous intéresse particulièrement, le secret d'être heureux dans ce monde et dans l'autre, par la fidèle correspondance aux desseins que la divine Bonté forme sur eux, à chaque heure de leur existence.

Surtout, ne mettez pas fin à votre pieux voyage avant d'avoir accompli, en tout ou en partie, selon votre attrait et votre générosité d'âme, les pratiques aussi simples que salutaires, qu'il me reste à vous conseiller. Tenez pour certain que la Sainte ne serait pas pleinement satisfaite de votre pèlerinage, si vous fermiez tout-à-fait l'oreille et le cœur aux moyens que je vais suggérer à votre dévouement pour son culte et sa gloire. Recevez-les, comme s'ils tombaient de ses lèvres virginales.

CHAPITRE TROISIÈME.

PRATIQUES NÉCESSAIRES POUR RENDRE LE PÈLERINAGE PLEINEMENT FRUCTUEUX.

Visiter l'église de Sainte-Solange en curieux qui se récrée, en homme intéressé qui vient demander les biens de ce monde et oublie son âme, ce n'est pas la visiter en pèlerin, ni même en chrétien. Le principal but de votre pieux voyage doit être votre sanctification; en elle est compris votre bonheur de ce monde et de l'autre vie.

Or, que vous faut-il pour vous sanctifier, c'est-à-dire, pour vivre et mourir en chrétien fidèle? On peut réduire les principaux moyens à ces quelques mots : il faut vous affermir dans l'amitié de Dieu, ou vous y établir, si vous avez le malheur de l'avoir perdue; vous le ferez par la réception des sacrements de Pénitence et d'Eucharistie, qui donnent le commencement et l'augmentation de la grâce et de l'amitié divines. Il faut ensuite vous maintenir et avancer dans cette amitié, en vous attachant à Dieu, soit par des liens généraux, tels que la prière, soit par un lien spécial, tel que serait une pieuse association. Enfin, il faut que vous appreniez à vaincre les ennemis nombreux qui chercheront à vous ravir, avec la fidélité aux divins commandements, votre plus précieux trésor.

Nous allons donc : 1° vous enseigner comment un véritable pèlerin de sainte Solange doit recevoir les Sacrements; 2° on vous offrira des prières très-propres, si votre cœur s'en pénètre bien, à toucher en votre faveur votre Protectrice et le divin Maître; 3° on vous fera connaître la confrérie de sainte Solange; 4° on vous présentera une méthode courte et facile de combattre les tentations plus ou moins fréquentes, dans toutes les situations de la vie.

Plusieurs des pratiques qui vous seront suggérées

pourraient convenir à tous les chrétiens. Mais elles sont ici particulièrement adaptées aux serviteurs de sainte Solange.

I.

RÉCEPTION DES SACREMENTS.

1. — Très-fructueuse pour toutes les âmes bien disposées, la réception des sacrements est spécialement avantageuse aux pèlerins. Dégagé, par l'absence, des préoccupations de pays et de famille, on a plus de facilité pour purifier son âme. La fatigue et les bonnes œuvres du voyage sont une salutaire préparation. Des confesseurs extraordinaires, les prières et l'édification communes, l'exemple et la protection de la Sainte, sont de puissants secours. Il est des âmes à qui les sacrements ne sont pas seulement utiles, mais nécessaires. Un pécheur qui n'a point satisfait au devoir pascal, qui croupit dans le péché mortel, peut-il espérer obtenir les faveurs de celle qui chercha, toujours avant tout, la gloire de ce bon Maître? Peut-on compter sur sa protection, lorsqu'on s'obstine à rester l'ennemi de celui qu'elle préféra, même à sa propre vie? Recevez les sacrements, cher pèlerin, si vous êtes juste, pour vous affermir dans l'amitié de Dieu. Recevez-les, si vous êtes pécheur, pour recouvrer le plus précieux des trésors.

2. — *Confession.* — Si vous n'avez pas profité, pour examiner votre conscience, des moments de silence que vous a laissés votre pieux voyage, recueillez-vous pendant quelque temps, récitez l'oraison Dominicale et la Salutation Angélique pour obtenir la connaissance de vos péchés. Après y avoir réfléchi, demandez-en la contrition; dites au pied de l'autel :

O bon Jésus, je désire avoir tout le repentir, toute la contrition de mes péchés que vous désirez que j'en aie ; mais vous savez que je ne la puis avoir si vous ne me la donnez. Donnez-la moi donc, je vous en conjure, ô mon Sauveur, par votre grande miséricorde. Je sais bien que je suis indigne d'être exaucé et même regardé de vous ; mais j'ai confiance en votre infinie bonté, et vous m'accorderez ce que je vous demande, très-instamment, par les mérites de votre sainte passion, de votre sainte Mère, de sainte Solange et de tous les Saints.

Puis levez les yeux vers la Croix, voyez-y Jésus-Christ mourant pour vos péchés, faites l'acte de contrition que vous avez appris dès votre enfance, ou celui qui s'échappera de votre cœur pénétré de repentir.

Approchez-vous ensuite du tribunal de la pénitence, parlez au prêtre comme à Jésus-Christ, dont il tient la place. Faites votre confession avec la plus entière sincérité ; si vous craignez de n'avoir pas tout dit, priez le confesseur de vous aider à terminer votre accusation. Ministre de la divine miséricorde, il vous traitera avec d'autant plus de bonté que vous lui exposerez de plus grandes misères. Ne négligez rien pour établir votre âme, avant la fin de ce pèlerinage, dans la même sécurité que vous désirez qu'elle ait à la fin du pèlerinage de la vie.

3. *Communion.* — *Avant.* Assistez, si vous le pouvez, à la sainte Messe dans l'église même de Sainte-Solange, avec toute l'attention et la ferveur dont vous serez capable. Au *Pater*, récitez de tout votre cœur les paroles de cette prière, dictée par le Sauveur lui-même, et qui expriment bien la demande des dispositions qu'il désire en vous. Adressez-lui ensuite les *Actes* avant la communion qui vous sont familiers ; ou bien contentez-vous de produire des affections intérieures de foi, d'espérance et de charité ; ou bien faites la prière suivante (1) :

Mon Sauveur, les Anges plus purs que le soleil ne s'estiment pas dignes de vous regarder, de vous louer et de vous adorer ; aujourd'hui, malgré cette ineffable pureté, non seulement vous me permettrez de vous regarder, de

(1) Elle est tirée, en grande partie, de l'*Ange conducteur dans la dévotion chrétienne* par le P. Boret, S, J ; ouvrage, dont il serait bien difficile de compter les éditions en Belgique en France, depuis un siècle et demi.

vous adorer et de vous aimer, mais encore vous désirez que je vous reçoive dans mon cœur et dans mon âme et que par vous j'aie en moi toute la divinité, toute la très-sainte Trinité et tout le Paradis. Mon Dieu, quelle bonté! D'où me vient ce bonheur que le Souverain du Ciel et de la terre veuille venir faire sa demeure en moi? O Dieu, que je suis indigne d'une si grande faveur! Mais puisqu'il vous plaît, ô mon Sauveur, de vous donner à moi, je désire vous recevoir avec toute la pureté, l'amour et la dévotion qu'il m'est possible : dans cette vue, je vous donne mon âme, ô bon Jésus, préparez-la vous-même de la manière que vous désirez; détruisez en elle tout ce qui vous est contraire, et remplissez-la de votre divin amour et de toutes les dispositions qui vous plaisent. Il n'y a point de séjour qui soit digne de vous, que vous-même; c'est pourquoi afin de vous recevoir, non pas seulement en moi, en étant indigne, mais en vous-même, j'anéantis à vos pieds tout ce que je suis; je vous supplie de m'anéantir vous-même et de vous établir en moi afin que vous y soyez reçu avec l'amour que vous vous portez vous-même. Père de Jésus, anéantissez en moi ce qui déplaît à votre Fils, et faites-moi participant de l'amour que vous lui portez. Saint-Esprit, je vous offre mon âme. Ornez-la, je vous en conjure, de toutes les grâces nécessaires pour recevoir son divin amour. O Mère de mon Dieu, faites-moi participant de la foi et de la dévotion, de l'amour et de l'humilité, du détachement et de la sainteté, avec lesquels vous avez communié si souvent. O saints Anges, sainte et débonnaire Solange, vous tous bienheureux du Ciel, priez Jésus qu'il prépare lui-même mon âme et me fasse participant de votre pureté parfaite et de l'amour dont vous brûlez pour lui.

Le moment de vous approcher de la sainte table étant venu, vous pouvez offrir la communion de votre pèlerinage, en supplément de celle que vous désirez un jour faire en viatique : Mon Dieu, comme je puis mourir aujourd'hui, ou à l'improviste, je reçois cette communion pour viatique, et je désire que ma dernière nourriture soit le corps et le sang de mon Sauveur et Rédempteur Jésus; ma dernière parole, Jésus, Marie, Joseph; ma dernière affection, un pur amour de Dieu et une douleur extrême de mes péchés ; ma dernière consolation, de mourir dans votre sainte grâce.

Après la Communion. — Tenez-vous pendant quelques moments dans le silence et le recueillement : adorez, admirez, remerciez, offrez, surtout aimez. Puis, si vous le voulez, récitez de tout votre cœur une des formules d'action de grâces qui sans doute vous sont connues : ou mieux, continuez à vous entretenir avec le Dieu de votre cœur : invitez la très-sainte Vierge, saint Joseph, saint Jean, tous les Anges du Ciel, tous les Saints, et particulièrement sainte Solange, à vous prêter leurs intelligences, leurs cœurs et leurs voix pour exalter, bénir, aimer le divin hôte que vous possédez. Adressez-vous aux créatures même inanimées et dites-leur de chanter les louanges de votre bienfaiteur.

Ne manquez pas de lui faire une entière offrande et consécration de vous-même. Donnez-lui irrévocablement tout ce que vous êtes, tout ce que vous pouvez, tout ce que vous ferez : votre cœur et toutes vos affections ; votre âme et toutes ses puissances ; votre corps et tous ses sens ; vos biens, votre vie, votre santé, vos forces, votre industrie, vos travaux, votre mort et votre éternité, afin qu'il dispose de tout selon son bon plaisir. Puis, appelez le secours de Dieu sur vos résolutions et sur tous ceux dont le bonheur et le salut vous intéressent. Dites avec confiance :

Père éternel, Dieu vivant, créateur de mon âme ; toutes les offrandes que je puis vous présenter, si elles sont seules, ne méritent pas vos regards. Mais j'unis la donation que je vous fais de moi-même, non-seulement avec les mérites de la Très-Sainte Vierge et de tous les Saints, mais surtout avec le Cœur de Jésus-Christ qui vient de se donner à moi. En lui, par lui, avec lui j'ose vous demander pour moi et pour toute la sainte Église, l'abondance de vos grâces. Jetez les yeux, Père trois fois saint, sur Jésus votre fils bien-aimé ; jetez-les sur moi-même avec la même bienveillance, puisqu'il est en moi, s'alliant, se faisant une même chose avec moi. Ne me regardez plus comme séparé de lui, mais en sa faveur faites-moi miséricorde. En vertu de la promesse qu'il nous a faite, que vous nous accorderez tout ce que nous vous demanderons en son nom, je vous demande que ses divines vertus soient répandues dans mon âme. Par son incarnation, je vous supplie de me donner une humilité profonde, par la pauvreté de sa naissance, un complet détachement des choses terrestres; par sa présentation au temple, une obéissance parfaite à votre sainte loi; par les conversations et les travaux de sa vie, une mansuétude, une compassion qui embrasse toutes les afflictions de mon prochain, une vigilante application à toutes les œuvres qui peuvent contribuer à votre gloire; par sa douloureuse flagellation, une chasteté immaculée: en vertu de sa passion et de sa mort, une ardente charité, une parfaite abnégation de moi-même et le désir de tout sacrifier et souffrir pour votre amour. Père saint, je vous demande en vertu de la glorieuse résurrection de votre Fils, qu'il vous plaise protéger et défendre son épouse la sainte Eglise catholique, apostolique et romaine. En vertu de son ascension triomphante, convertissez tous les infidèles (1), tous les hérétiques, tous les pécheurs. Je vous supplie de consoler les affligés et de leur donner une parfaite confiance en votre miséricorde, la force pour endurer patiemment leurs maux et se conformer aux souffrances de votre Fils. O mon Dieu, que les âmes appelées à une haute sainteté répondent à votre grâce! vous voulez que nous honorions nos parents: je vous recommande mon père, ma mère, mes frères et sœurs, mes amis, tous ceux pour qui j'ai particulière obligation de prier; donnez-leur votre saint amour. Enfin, mon Dieu, jetez un regard de compassion sur toutes les âmes du purgatoire, particulièrement sur celles qui me touchent de plus près, où se trouvent plus délaissées. J'offre pour elles, en particulier pour N., la communion que je viens de faire, les indulgences que j'espère avoir gagnées; appliquez-leur les mérites de la passion et de la mort de Jésus votre Fils; en vertu de votre sacrement, faites-les jouir de votre gloire à jamais!

(1) **Oui, heureux communiant, priez, priez pour ces 600 millions d'infidèles.**

Puis récitez cinq *Pater* et *Ave* aux intentions du Souverain-Pontife. Quand vous aurez adressé à Jésus toutes les demandes qui se présenteront à votre esprit, priez-le d'adresser lui-même pour vous à son père les demandes qui lui sont agréables. Réiterez à ses pieds vos bonnes résolutions. Adressez une dernière invocation à sainte Solange. Durant le reste du voyage, conservez le souvenir de l'ineffable bienfait que vous avez reçu, et rapportez dans votre famille la bonne odeur de Jésus-Christ.

II.

ESPRIT DE PRIÈRE.

1. Pour plaire à une Sainte, distinguée par sa vie contemplative, il n'est pas de moyen plus efficace que l'esprit de prière. C'est la voie la plus sûre pour l'honorer et mériter ses faveurs. Pratiquer la lecture spirituelle, la méditation, l'examen de conscience et les autres exercices qui resserrent les liens de l'âme avec Dieu, c'est se montrer vraiment disciple de sainte Solange.

Méditez particulièrement sa vie, ses vertus, les titres qui lui sont donnés dans les litanies et dans son office autorisés, dans les hymnes que la piété des fidèles a chantées, en divers temps, à sa gloire. Saint François de Sales, ce grand maître de la dévotion adaptée aux personnes du monde, conseillait les chants pieux, comme moyen de disposer l'âme à une salutaire sérénité, et de dissiper les noires suggestions de l'ennemi (1).

2. Nous allons d'abord reproduire la sequence ou prose, en l'honneur de la Sainte, la plus ancienne que nous ayons pu découvrir. Au milieu du dix-septième siècle, on la regardait déjà comme *antique* (2). On doit donc la supposer connue, au moins dès le siècle précé-

(1) Introduction à la vie dévote, 4e partie, ch. 12e.

(2) Les Bollandtstes (10 mai) l'ont imprimée sous le titre de *hymnus antiquus*.

dent. La traduction inédite, que nous en publions, peut se chanter sur des airs très connus, tels que celui-ci : *Encor moi, toujours moi, Marie!*

PROSE CHANTÉE AU XVIe SIÈCLE.

1.

Jam gratulemur hodie
Christo sanctorum gloria,
Qui beatæ Solangiæ
Æterna dedit præmia.

1.

A Jésus amour et louange :
Il est le père des élus :
C'est lui, bienheureuse Solange,
Qui couronne au ciel vos vertus.

Refrain (1).

O Vierge, que Jésus couronne,
Nous mettons notre espoir en vous.
Du Berry, puissante patronne,
Solange, intercédez pour nous.

2.

Hæc beata Solangia
Solum Christum puro corde
Dilexit ab infantia
Immunis ab omni sorde.

2.

Elle avait choisi dès l'enfance
Jésus pour l'Epoux de son cœur.
Toujours sa robe d'innocence
Garda sa première blancheur.

3.

Christum credens, Christum colens,
Et amans super omnia,
Sathan calcans, mundum spernens
Et carnis frangens vitia.

3.

L'enfer, le monde et la nature
Contre elle s'unissent en vain :
Jésus dans son âme si pure
Commande en maître souverain.

4.

Hæc humanum conjugium
Amore Christi despuit,

4.

Pour l'unique Epoux de son âme
Que son amour fut tendre et fort!

(1) Le refrain est ajouté au texte latin, dont tout le reste est traduit exactement. Seulement on a placé quelques strophes dans un ordre différent de celui qu'elles ont dans les Bollandistes : cette petite modification a paru nécessaire pour donner une suite naturelle aux idées. — Le lecteur est redevable de cette traduction au P. Victor Alet, S. J. professeur au collége de l'Immaculée Conception, à Vaugirard, près Paris.

Propter quod et martyrium
Virgo sancta sustinuit.

Quand un autre époux la réclame,
Elle répond : plutôt la mort !

5.

Jesum, quem vivum detulit
Scriptum in corde jugiter,
Trino sermone protulit
Moriendo feliciter.

5.

De Jésus l'image vivante
Fut toujours gravée en son cœur ;
Et trois fois sa bouche expirante
Redit ce nom plein de douceur.

6.

In cœlesti collegio
Hæc beata Solangia
Pudicitiæ lilio
Coronatur cum gloria.

6.

Maintenant au ciel ton empire,
Solange pour l'éternité
Unit les roses du martyre
Aux lys de la virginité.

7.

Villamontis honoratur
Odore sui nominis ;
Rivus fontis rubricatur
Ejus colore sanguinis.

7.

Son souvenir vit sur la terre
Près de son tombeau glorieux,
Auprès du ruisseau salutaire,
Que rougit son sang précieux.

8.

Caput abscissum levavit
Favente Christi gratia
Et ad locum deportavit
In quo nunc est ecclesia.

8.

A sa mort, la Bonté suprême
Permit que son chef immortel
Fut transporté par elle-même
Au lieu marqué pour son autel.

9.

In quo sanantur languores
Ipsius sanctis precibus,
Morbi, febos et dolores
A multorum corporibus

9.

C'est dans ce béni sanctuaire
Qu'elle répand mille faveurs ;
Elle guérit toute misère,
Elle convertit les pécheurs.

10.

Laudem, honorem, gloriam
Trinitati altissimæ,
Per beatam Solangiam
Psallat virtus dignissimè.

10.

A vous amour, honneur, louange
Sainte, adorable Trinité !
Puissions-nous tous avec Solange,
Vous bénir dans l'éternité !

Antiphona. Solangia, virgo veneranda, cujus festa celebranda redierunt annua, casta, prudens et fidelis, impetrare nobis velis gaudia perpetua.

Antienne. O Solange, vénérable Sainte, dont la solennité annuelle est de retour ; Vierge chaste, prudente, fidèle, veuillez nous obtenir la joie éternelle.

℣. Ora pro nobis, beata Solangia.

℟. Ut digni efficiamur promissionibus Christi.

℣. Priez pour nous, Sainte Solange.

℟. Afin que nous devenions dignes des promesses de J.-C.

Oratio. Clementia pietatis tuæ, quæsumus, Domine Deus noster, universitatem Ecclesiæ tuæ propitio vultu respice, qui beatissimam Solangiam virginem et martyrem cœlesti gratia dignatus es feliciter sublimare. Per D. N. J. C. etc.

Oraison. Au nom de votre miséricordieuse clémence, nous vous conjurons, Seigneur notre Dieu, de jeter un regard favorable sur toute votre Eglise, ô vous, qui avez daigné élever si haut dans la gloire céleste la bienheureuse Solange, Vierge et martyre, par J.-C. N. S. etc.

Cette oraison vous apprend, pieux pèlerin, que vos Pères ne se contentaient pas de supplier sainte Solange, pour obtenir quelques biens temporels. Ils embrassaient *toute l'Eglise* dans leurs pieux désirs. Chrétien, élargissez, vous aussi, les vues de votre zèle.

III. Hymnes composées, selon toute apparence, au dix-septième siècle (1). Nous les traduisons pour la première fois. Il est même probable que plusieurs d'entr'elles n'ont pas encore été imprimées.-On pourra y appliquer des chants très connus, en commençant par celui de l'*Iste Confessor*.

(1) L'un des Bollandistes, le P. Godefroy Henschenius (t. 2, Maii), dit avoir eu entre les mains six pièces de vers latins composés en l'honneur de la Sainte par plusieurs religieux du collége de Bourges. ses contemporains, les PP. François Ragueneau, Eustache Gallier et Jean Pyron. Excepté deux qui sont extraites de la *vie abrégée* de 1759, toutes les pièces que l'on offre ici aux serviteurs de sainte Solange, sont extraites d'un office manuscrit, précédemment autorisé seulement pour son église. Cet office, conservé au sanctuaire de l'illustre martyre, est contenu dans un grand volume in-f° noté en plain-chant, qui porte à la fin l'approbation avec les armes et le seing autographe de Mgr de Mercy, sous la date du 5 avril 1810. Comme on ne cite point d'auteur latin, qui ait composé des vers à la gloire de sainte Solange, autre que les PP. qu'on vient de nommer, il est probable que les pièces que nous donnons ici ne diffèrent pas, la plupart du moins, de celles qu'ont mentionnées les Bollandistes. Quoiqu'il en soit de leur origine, ces morceaux, devenus très-rares, méritaient d'être reproduits comme monuments littéraires et surtout comme œuvres pieuses du Berry.

I. — SAINTE ENFANCE DE SOLANGE.

1.	1.
Læta dum cœlo sonat aula plausu, Æmulo cantu Biturix resultet, Annuos puro celebret Solangæ Ore triumphos.	Tandis que la cour céleste retentit d'applaudissements ; que le Berry rivalise avec elle par ses chants, et célèbre avec des lèvres pures le triomphe annuel de Solange.
2.	2.
Flore sub primo puerilis ævi, Spiritu jam tum meliore ducta Se Deo sponso sociat perenni Fœdere sponsam.	Dès la première fleur de son âge conduite par un esprit supérieur à son enfance, elle choisit un Dieu pour époux et contracte avec lui, heureuse épouse, une alliance immortelle.
3.	3.
Crevit ut Virgo, simul aucta virtus In dies sese magis excrebat. Ante maturos pietas adulta Venerat annos.	La Vierge grandit, et grandissant avec elle sa vertu se manifeste de jour en jour plus éclatante. Elle est encore jeune enfant, que sa piété est déjà mûre.
4.	4.
Sub jugo sensus subigit severo, Edomat pœnis juvenile corpus, Ut fidem Christo semel obligatam Servet amanti.	Elle soumet ses sens à de sévères lois ; elle dompte par les souffrances son corps délicat ; elle veut, à tout prix, garder intacte la fidélité qu'elle a promise à Jésus, l'ami de son cœur.
5.	5.
Dum greges pascit, metuens videri Nocte sylvarum latitare gestit ; More torrentis fugitivus illi Præterit orbis.	En gardant son troupeau, elle fuit tout regard profane ; elle aime à se cacher dans l'ombre des forêts. Les eaux qui sous ses yeux coulent rapides lui représentent l'instabilité des choses d'ici-bas.
6.	6.
Ardor hinc crescit ; novus urit ignis, Deperit sponsum bene fida sponsa ; Mente jam cœlos adit, atque votis Præripit astra.	La solitude redouble ses ardeurs ; un nouveau feu la consume ; tendre épouse, elle se meurt d'amour pour le divin Epoux : son cœur est déjà dans les cieux ; ses désirs franchissent la voûte étoilée qu'elle contemple.

7.

Fac ut æternæ studio salutis,
Christe, cœlestes meditemur arces;
Da simul secli male blandientem
Spernere pompam.

7.

Faites, ô Jésus, que le désir du bonheur éternel porte souvent nos pensées jusqu'aux cieux, et nous inspire du mépris pour l'éclat séduisant et trompeur de ce monde.

8.

Summa laus Patri sit et æqua Nato;
Par tibi sit laus, Amor utriusque,
Virginum per quem sacra corda puris
Ignibus ardent.

8

Souveraine gloire au Père et au Fils son égal! même gloire à vous, Amour de l'un et de l'autre, qui allumez de célestes flammes au cœur des Vierges consacrées.

II. — SES PROGRÈS DANS LA PERFECTION.

1.

Nunc aptate tubas, sumite tympana,
Cætus angelici, dicite Virginem,
Tinxit quæ proprio sanguine quam sacro
Gestat vertice lauream.

1.

Accordez les sons des instruments divers, chœurs des anges; chantez la Vierge dont le sang a rougi le laurier qui couronne sa tête glorieuse.

2.

Solo digna Deo conjuge, respuit
Mortales thalamos, jam dederat fidem.
Quam divina ligant pacta, quis audeat
Hasce impune deposcere?

2.

Digne d'avoir Dieu seul pour époux, elle dédaigne une alliance terrestre. Elle a déjà donné sa foi; elle a contracté un engagement divin : Quel téméraire osera lui demander sa main?

3.

Mundi blanditias vanaque gaudia.
Virgo magnanima pectore despicit
Uni nota Deo vivere cogitat,
Uni nota Deo mori.

3.

Le monde lui offre ses caresses et ses vains plaisirs: Son grand cœur les repousse. Elle veut toujours vivre et mourir inconnue à tout autre qu'à son Dieu.

4.

Carnem mille modis nil meritam domat,
Ægro vix sua sunt pabula corpori;
Quin et luminibus surripitur sopor:
Hanc sui nunc amor immolat!

4.

Elle dompte de mille manières sa chair innocente : à son corps affaibli elle accorde à peine les aliments nécessaires, et le sommeil à ses yeux : ainsi est-elle déjà victime volontaire de l'amour!

5.

Da te, summe Pater, tollere laudibus;
Da te, Christe, sequi, laurea Virginum:
Per te, Divus amor, frigida pectora
Puris ignibus ardeant.

5.

Accordez-nous, ô Père éternel, de publier à jamais votre gloire! Accordez-nous de vous suivre, ô Christ, couronne des Vierges! Allumez, ô divin amour, dans nos cœurs glacés vos pures flammes.

III. — SON MARTYRE.

1.

Horrete, Christi pars gregis optima,
Deo dicatæ plangite Virgines!
Vesanus ardor, Proh nefandum!
Sancta furit temerare pacta.

1.

Soyez saisies d'horreur, ô vous, brebis privilégiées du divin Pasteur! Vierges consacrées, pleurez! Un amour insensé, ô crime! tente avec fureur de souiller une alliance divine!

2.

Superba, princeps, stemmata jactitas
Opesque frustra; Virginis integrum
Nec vana pectus laus, nec auri
Exagitat male fidus ardor.

2.

Vainement, prince aveugle, vous vantez votre famille et votre fortune; le cœur de la Vierge est à l'épreuve du faux éclat et des richesses et des honneurs.

3.

Frustra severas cum precibus minas,
Frustra furores adjicis impios:
Humana spernens usque Virgo
Vota, minas rabiemque ridet.

3.

Vainement, vous joignez les menaces aux prières; vainement, vous en venez aux éclats d'une sacrilège fureur; la Vierge méprise tout ce qu'on désire ici-bas, et se rit de vos menaces et devotre rage!

4.

Pendens in ictus jam gladium videt,
Invicta ferro subjiciens caput,
Vincit cadendo; gloriosum
Hoc retulit pretium pudoris.

4.

Déjà elle voit le glaive levé pour la frapper; elle présente sa tête au fer, et triomphe en tombant. Telle est la belle récompense de sa magnanime pureté.

5.

Rosas et inter lilia quæ cubas,
De fonte sacro jam satia sitim,
Procede, regna, Virgo martyr,

5.

O vous, qui reposez maintenant au milieu des lys et des roses, désaltérez votre cœur brû-

Et geminatam tibi sume palmam.

lant à la source infinie de l'amour : allez, régnez, O Vierge martyre, et recevez votre double couronne.

6.

Thecam cruenti corporis hospitam
Certate, cives, spargere, floribus,
Pronique tantis osculari
Prodigiis cineres verendos.

6.

Et vous enfants de son pays, couvrez de fleurs à l'envi, l'arche dépositaire de son corps immolé. Tombez à genoux et approchez avec respect vos lèvres de ces cendres consacrées par tant de prodiges !

7.

Laus summa Patri summaque Filio
Tibi que compar gloria, Spiritus :
Te plena, mortem Virgo sprevit
Et, duce te, superavit hostem.

7.

Souveraine gloire au Père et au Fils son égal ! Même gloire à vous, amour de l'un et de l'autre, qui allumez de célestes flammes au cœur des Vierges consacrées.

IV. — SES MIRACLES ET SA GLOIRE SUR LA TERRE.

1.

O tuo quæ nunc sociata sponso,
Cœlites inter super astra regnas,
Virgo natales oculo benigno
Respice terras.

1.

Epouse fortunée et réunie à votre Epoux, du trône que vous occupez au-dessus des astres, ô Vierge, abaissez un regard de bonté sur votre pays natal.

2.

Unde concursus ! Via fervet omnis !
Itur ad sacros cineres Solangæ,
Hic adhuc spirat rediviva in ipso
Funere virtus.

2.

Pourquoi ce concours ? Pourquoi cette foule sur tous les chemins ? Ils courent vénérer les restes de Solange. Ici sa puissance est encore pleine de vie, au sein de la mort.

3.

Omnis huc sexus, volat omnis ætas ;
Hic opem supplex sibi quisque poscit ;
Et domum semper impetrato
Munere lætus.

3.

Pèlerins de tout sexe, de tout âge, affligés de besoins divers, s'empressent à son tombeau, et s'en retournent avec la joie d'être exaucés !

4.

Redditur cœco sua lux, et auris
Redditur surdo, sua lingua muto ;

4.

L'aveugle recouvre la vue ; le sourd, l'ouïe ; le muet, la parole ; le boiteux qui traînait

Impari qui vix pede claudus ibat
Ambulat æquo

avec peine un pied débile y trouve maintenant un appui égal et ferme.

5.

Ossa portari sua dat per agros ;
Diva quæ fertur bona fert salutem ;
Sole siccatos segetes amico
Irrigat imbre.

5.

Elle laisse, bénigne Patronne, porter à travers les champs ses restes précieux ; mais elle-même porte l'abondance sur son passage. Sur les moissons brulées par le Soleil, elle attire une pluie bienfaisante.

6.

Hinc tibi, Virgo, recinuntur hymni ;
Hinc graves donis cumulantur aræ :
Hinc tuum nomen sonat, omniumque
Vivit in ore.

6.

De là, ô Vierge, ces cantiques d'actions de grâces ; de là ces riches offrandes, dont on charge vos autels ; de là ces bénédictions qui suivent partout votre nom, répété par toutes les bouches.

7.

Nullus hanc intret nisi sanctus ædem ;
Impius sacros paveat recessus ;
Nullus impuro reus ore fœdet
Virginis ossa.

7.

Qu'on se purifie pour entrer dans ce sanctuaire ; que l'impie tremble à la vue de ces murs vénérables ; que jamais bouche impure ne vienne profaner par un odieux contact ces dépouilles virginales.

8.

Summa laus Patri sit et æqua Nato,
Par tibi sit laus, Amor utriusque ;
Virgines sanctæ triadem celebrent
Omne per ævum.

8.

Souveraine gloire au Père et au Fils son égal ! même gloire à vous, Amour de l'un et de l'autre, qui allumez de célestes flammes au cœur des Vierges consacrées.

V. — SA GLOIRE DANS LE CIEL.

1.

Victrix sponsa Dei, post data prælia
Congaudet superis addita cœtibus,
Et conviva supremi
Mensæ principis assidet.

1.

La magnanime Epouse d'un Dieu après ses combats victorieux, partage la joie des milices célestes ; elle s'assied, fortunée convive, à la table du Roi des Rois.

2.

Quondam læthifero vulnere saucium

2.

Ce chef virginal, qu'a frappé un coup mortel, est ceint d'une

Palmæ purpureæ nunc caput ambiunt :
Divinis tolerata
Mors pensatur honoribus.

couronne plus éclatante que la pourpre d'ici-bas. Victime volontaire, elle a donné sa vie : Dieu lui donne sa gloire.

3.

Pœnam quanta brevem gloria vindicat,
Sacros dum cineres sanctaque pignora
Hic nostras super aras
Christo jungimus hostiæ!

3.

Quelle immensité de gloire pour ces douleurs d'un instant. Même ici-bas, quel honneur pour ces restes bénis d'être offerts à Dieu par les mêmes mains, sur le même autel où nous lui présentons la victime divine.

4.

Virgo, perpetuis splendida dotibus,
Hæc sunt templa tuo cognita nomine;
Devotam tibi gentem
Blandis subsidiis fove!

4.

O Vierge, qui brillez d'une immortelle gloire, regardez ce temple qui porte votre nom ; et ce peuple qui vous est dévoué; oh ! daignez l'entourer de votre bienfaisante protection.

5.

Jugis, summa Trias, sit tibi gloria,
Quæ te das meritis prodiga præmium,
Et pensas generosa
Summis pectora præmiis!

5.

A vous, plénitude de gloire, souveraine Trinité, qui vous donnez, prodigue de vous-même, en récompense à vos serviteurs ; vous, dont la libéralité comble de biens infinis les cœurs qui vous ont aimée.

VI. — INVOCATIONS A LA VIERGE MARTYRE, DÉJA COURONNÉE.

1.

O quæ choris cælestibus
Nunc assides, Solangia,
Tuos triumphos pangimus :
Nostris adesto canticis.

1.

O vous, qui faites partie maintenant des chœurs célestes, Solange, nous chantons vos triomphes : daignez accueillir nos accords !

2.

Tu digna Christo victimæ
Vitam rependis victima ;
Fudit tibi qui sanguinem
Illi memor fundis tuum.

2.

Digne victime offerte à Jésus notre victime, vous lui rendez vie pour vie ! en échange du sang qu'il a répandu pour vous, vous lui présentez le vôtre.

3.

O Virgo, quæ gaudes pati,
Sexu tuo jam fortior ;
Fac nos sacris urat Deus

3

O Vierge, heureuse de souffrir, vous que la force d'âme élève au-dessus de la faiblesse

Quibus flagrabas ignibus!

du sexe! Obtenez-nous ces divines flammes, dont brûlait votre cœur!

4.

Tuo dicatam nomini
Gentem benigna protege;
Tibique junctos sanguine
Fratres, soror, ne deseras

4.

Couvrez de votre protection débonnaire ce peuple dévoué à votre culte! ces frères, sortis du même sang que vous, les délaisserez-vous, sœur bienheureuse?

5.

Suprema, laus tibi, Pater,
Cum Filio, cum Spiritu;
Da per preces Solangiæ
Æterna nobis gaudia.

5.

Louange Souveraine, à vous, Père, Fils et Saint-Esprit! accordez aux prières de Solange notre éternel bonheur!

VII. — PROSE QUI RÉSUME SA VIE, SA MORT, SON TRIOMPHE.

1.

En ades ad nuptias
Inter Agni socias,
Solangia, Virgines!

1.

Vous voilà aux noces célestes, parmi les Vierges compagnes de l'Agneau, ô Solange!

2.

Cito sponsum habuit,
Cor amantis rapuit
Pulcher inter homines!

2.

Aussitôt qu'elle le connût, son cœur épris d'amour choisit pour Epoux le plus beau des enfants des hommes.

3.

Non nitet monilibus,
Omnis è virtutibus
Est ab intus gloria.

3.

Les pierreries ne sont pas sa parure. Sa beauté est intérieure et lui vient des vertus.

4.

Corpus ornat castitas,
Ditat mentem charitas,
Dos est sponsi gratia.

4.

La modestie orne son corps; la charité enrichit son âme; son Epoux l'embellit de sa grâce.

5.

Obscuris in recessibus,
Procul è tumultibus,
Celat innocentiam.

5.

Une obscure retraite, l'éloignement du tumulte mondain cachent son innocence.

6.

Vallum innocentiæ
Et custodem gratiæ
Amat pœnitentiam.

6.

Pour bouclier de sa vertu, pour sauve-garde des dons célestes elle a choisi la pénitence.

7.

Edomat vigiliis,

7.

Elle dompte son corps, et par

Crebris que jejuniis
Menti corpus subjicit.

ses veilles, ses jeûnes fréquents, soumet la chair à l'esprit

8.

Quam pie compungitur!
Et Christo compatitur
Quando crucem aspicit!

8.

Que sa componction est intime! à la vue de la croix, comme elle compatit à Jésus souffrant!

9.

Qui tam dura pertulit,
Sponso sponsa quam velit
Sanguinem effundere!

9.

Tendre Epouse à son Epoux qui a tant souffert, ardemment elle désire donner son sang.

10.

Juncta jam virginibus
Quam velit martyribus
Martyr addi funere!

10.

Déjà associée aux Vierges, qu'il lui tarde d'entrer par la mort dans les rangs des martyrs!

11.

Hinc in corde Virginis
Crescit amor numinis
Dum vilescit seculum.

11.

Ces désirs font de plus en plus pénétrer en ce cœur virginal les traits de l'amour divin, et le mépris du monde.

12.

Tot fulgens virtutibus,
Quam olympi civibus
Dignum fit spectaculum!

12.

Voyez! toute brillante de vertus, elle est l'objet de l'admiration des anges et des bienheureux.

13.

Dum mirantur superi,
Sese parant inferi
Frementes ad prælium.

13.

Pendant que le Ciel la contemple, l'Enfer lui prépare un furieux combat.

14.

Forma lædit juvenem.
Mox deperit Virginem :
Hoc pugnæ præludium.

14.

Un jeune homme la regarde avec des yeux profanes : il s'éprend de sa beauté : la lutte se prépare.

15.

Precibus allicere,
Minis tentat sternere;
At cor frustra quatitur.

15.

Les séductions de la prière, les terreurs de la menace trouvent son cœur ferme comme un rocher.

16.

Nec movetur precibus,
Nec verbis minacibus
Sponsa Christi flectitur.

16.

Les paroles suppliantes, les paroles menaçantes n'ébranlent point l'épouse de Jésus-Christ.

17.

Hinc amantem exuit
Et tortorem induit
Cædem spirans juvenis.

17.

Le libertin passe de l'amour à la fureur. C'est un bourreau altéré de sang.

18.

Strictum ensem conspicit,

18.

La timide Vierge voit le

Ferro collum subjicit,
Nec tremit cor Virginis.

glaive étinceler; elle incline la tête sous le fer; son cœur ne tremble pas.

19.

Per te, Christe, triumphantem
Et nos adhuc protegentem
Solangiam canimus.

19.

O Jésus! celle à qui vous avez donné le triomphe; celle que vous avez établie notre avocate, Solange est l'objet chéri de nos chants.

20.

Ut sororem hanc amamus,
Ut patronam invocamus,
Per eam cœlo vivamus,
Hoc votis exposcimus.

20.

Nous l'aimons comme notre sœur; nous l'invoquons comme notre Patronne; accordez à nos désirs et à ses prières de vous posséder avec elle dans le Ciel.

Répétez de temps en temps, pieux pèlerin de Sainte-Solange, repassez, méditez, goûtez, ces chants qui retracent avec tant de force et de charme, les grâces dont Dieu l'a prévenue, ses vertus, son héroïsme, sa gloire, la bienfaisance et l'apostolat si étendus qu'elle continue de pratiquer du fond de son tombeau et du haut des Cieux.

IV. — CHANT CONNU DÈS LE XVIIIe SIÈCLE.

Le cantique qui suit se chante chaque année à la procession de la Sainte. Nous mettons en regard l'ancienne traduction en vers, et l'on trouvera à la suite une autre traduction française, moins incorrecte, moins infidèle que celle qui circule dans le Berry, et à laquelle on peut adapter un air également populaire (1).

(1) Bien que cette pièce fut connue au siècle précédent, nous n'avons pu en trouver d'exemplaire antérieur à l'édition qu'en a fait donner Mgr de Mercy en 1805. Nous avons vu à la sacristie même de Sainte-Solange, un exemplaire de cette édition, revêtu de l'approbation autographe de ce prélat. Nous nous sommes permis dans le texte latin trois petits changements : 1° à la strophe 14e, nous avons mis *ob redditas reliquias* au lieu de *ob servatas*; ce dernier mot s'appliquait bien autrefois à leur conservation providentielle au 16e siècle, mais il devenait inexact depuis leur destruction presque totale en 1793 ; 2° à la suite de l'abbé Oudoul, nous rétablissons la 9e strophe qu'on avait supprimée en 1705 au grand déplaisir des pèlerins ; 3° pour satisfaire au pieux désir d'un prêtre vénérable, nous ajoutons une strophe (la 13e) afin de célébrer le recouvrement des saintes reliques.

AIR : *O filii et filiæ.*

1.

Festa venerunt annua
Quibus Virgo per inclyta
Honoratur Solangia
Alleluia, alleluia, alleluia,
alleluia.

2.

O Biturici, plaudite,
Vitam ejus addiscite,
Mores ejus exprimite.
Alleluia...

3.

Nota in Villemontio,
Infrendente diabolo,
Nomen habet ab angelo.
Alleluia...

4.

Septenis versans animo
Quæ sit devota Domino,
Nuncupavit vota Deo.
Alleluia...

5.

Ipsa stante stabant oves,
Nec lædebant terræ fuges;
Ipsos fugabat turbines.
Alleluia...

6.

Illi novum præit sidus
Quo tulit eat passibus :
Ipsa fulget virtutibus.
Alleluia...

7.

Procum lædit formæ decor,
Blanditur profanus amor,
Quem fugat virtutis honor
Alleluia...

8.

Spretus amor fremit ira
Neque cedit Solangia,

AIR : *Par les chants les plus magnifiques.*

1.

En ce jour, ô Sainte Solange,
Que l'on célèbre vos grandeurs,
Puisse ce tribut de louange
Attirer sur nous vos faveurs.

2.

Pour vous, accourez à son temple,
Peuples fortunés du Berry.
Si vous imitez son exemple
Vous serez son peuple chéri.

3.

Villemont, trop heureux village,
Malgré les efforts du démon,
Tu produis cette Vierge sage
Qui d'un ange eût bientôt le nom.

4.

Dès sa jeunesse la plus tendre,
Voulant surtout plaire au Seigneur,
Elle s'empressa de lui rendre
Le vif hommage de son cœur.

5.

Oiseaux, vents, tempêtes, orages
Fuyez : non, de votre courroux
Nous ne craignons pas les dommages :
Solange nous protégera tous.

6.

Quel nouveau rayon de lumière
La précède et conduit ses pas ?
Vertus, vous même en sa carrière
L'éclairâtes jusqu'au trépas.

7.

C'est en vain qu'un amour peu sage
Veut de ses feux brûler son cœur;
Solange oppose avec courage
Le bouclier de son honneur.

8.

Cet amour frémit de colère
De se voir ainsi rejeté;

Fit castitatis victima.
Alleluia...

9.

Truncato licet capite,
Ter Jesum inclamat voce,
Caput manu portans pie
Alleluia...

10.

Ubi sacræ reliquiæ
Martini a templo conditæ
Multi opem deposcere.
Alleluia ..

11.

Claudi currunt, vident cœci,
Morbi pelluntur noxii,
Gaudentes plaudunt angeli.
Alleluia...

12.

Mox è sepulcro fit ara,
Corpus servantur capsula
Patrona fit primaria.
Alleluia...

23.

Frustra rabies impia
Dispergit casta pignora:
Largitur Deus alia
Alleluia.

14.

Ob sacras, Virgo, laureas,
Ob redditas reliquias
Deo dicamus gratias.
Alleluia.

15.

In agri tui semita
(*In agro*) Dum pangimus voce pia
Nobis adsis, Solangia.
Alleluia...

℣. Veniebat cum ovibus patris sui.

℟. Nam gregem ipsa pascebat. (*Gen.* 29. 9.)

Oremus. Effunde, quæsumus, Domine, Beata Solangia

Il s'arme de son cimeterre
Et le coup est déjà porté.

9.

Dès que la tête respectable
En tombant prononce Jésus,
Sa main dévote et vénérable
La présente au Dieu des vertus.

10.

Solange, vos précieux restes .
Au temple du grand S. Martin
Reçoivent des honneurs célestes :
Est-il un plus heureux destin ?

11.

L'aveugle reçoit la lumière ,
Le boiteux marche sans soutien;
Tous d'une guérison entière
Reçoivent le précieux bien.

12.

Son sépulcre en autel se change
Où l'on prodigue des faveurs ;
De son temple à Sainte-Solange
Saint Martin cède les honneurs.

13.

Solange, nous vous rendons grâces
De vouloir écouter nos vœux,
Puissions-nous marcher sur vos traces
Et vous voir un jour dans les Cieux.

14.

Répandez sur nous vos lumières
(*Dans le champ*) Dans un champ toujours précieux.
Solange, écoutez nos prières,
Solange rendez-nous heureux.

℣. Elle venait avec les brebis de son père ;

℟. Car elle-même faisait paître le troupeau. (*Gen.* 29.9.)

Prions. Répandez, Seigneur, nous vous en supplions, par

intercedente, benedictionem tuam super nos et super omnes fructus terræ, ut hi collecti ad laudem et gloriam nominis tui, misericorditer dispensentur. Per Christum Dominum nostrum. Amen.

l'intercession de sainte Solange, votre bénédiction sur nous et sur tous les fruits de la terre, afin que recueillis par la louange et la gloire de votre nom, ils soient miséricordieusement dispensés. Par J.-C. N.-S. Ainsi soit-il.

NOUVELLE TRADUCTION DU PRÉCÉDENT CANTIQUE.

1.

Votre fête, ô sainte Solange,
Fait tressaillir vos serviteurs :
Vous rendre un tribut de louange
Est une fête pour nos cœurs.

2.

Accourez joyeux à son temple,
Peuples fidèles du Berry :
Apprenez, suivez son exemple,
Montrez-vous son peuple chéri.

3.

Villemont met au jour Solange,
Malgré la rage du démon :
Ce sera sur la terre un ange,
D'un ange elle reçoit le nom.

4.

A sept ans, le premier usage
De sa raison et de son cœur
Est d'offrir pour toujours l'hommage
De sa vie à son créateur.

5.

Loups et brebis, oiseaux, orages
Dociles acceptent ses lois;
Dieu soumettra dans tous les âges
La nature à son humble voix.

6.

Un astre éclatant de lumière
La guide au sentier des élus ;
Mais ce bel astre de la terre
Brille encore plus par ses vertus.

7.

Un fol amour de ses caresses
Assaille sa virginité :
Un autre époux a ses promesses :
Loin d'elle l'infidéliié!

8.

Elle qui tremble au nom du crime,
Attend le glaive sans frayeur :
Elle meurt Vierge magnanime
Et martyre de sa pudeur.

9.

Dans la mort, sa bouche répète
De son Jésus le nom si doux ;
Et ses mains, transportant sa tête,
Semblent l'offrir à son époux.

10.

L'humble tombeau de la bergère
Par tout un peuple est fréquenté.
On la supplie, on la vénère :
Elle accueille leur piété.

11

Elle adoucit toute souffrance ;
L'aveugle voit, le sourd entend;
Aux cris de la reconnaissance
Les chœurs du ciel joignent leur chant.

12.

Le Berry la prend pour patronne,
Saint Martin lui cède ces lieux;
Sur les antels son corps rayonne,
Entouré d'un éclat pieux.

13.

En vain le sacrilége impie
Nous enleva ce saint trésor ;

Le ciel déjoue sa furie,
Et nous le possédons encor.

14.

Pour ce bienfait, pour la victoire
De celle que nous honorons,
Du Seignenr célébrons la gloire:
Il est l'auteur de tous les dons.

15.

Dans ce champ qui garde vos traces,
O Solange, entendez nos vœux.
Du ciel, obtenez-nous les grâces
Et pour ce monde et pour les Cieux.

V. — LITANIES DE SAINTE SOLANGE, APPROUVÉES EN 1805 PAR MONSEIGNEUR DE MERCY ET EN 1828 PAR MONSEIGNEUR DE VILLÈLE.

Kyrie eleison.	Seigneur, ayez pitié de nous.
Christe eleison.	Jésus-Christ, ayez pitié de nous.
Kyrie eleison.	Seigneur, ayez pitié de nous.
Christe audi nos.	Jésus-Christ, écoutez nous.
Christe exaudi nos.	Jésus-Christ, exaucez-nous.
Pater de cœlis Deus, *miserere nobis.*	Père céleste qui êtes Dieu, *ayez pitié de nous*
Fili redemptor mundi Deus,	Fils Rédempteur du monde qui êtes Dieu,
Spiritus sancte Deus,	Esprit saint qui êtes Dieu,
Sancta Trinitas unus Deus,	Sainte-Trinité qui êtes un seul Dieu,
Sancta Maria, *ora pro nobis.*	Sainte Marie, priez pour nous
Sancta Dei Genitrix,	Sainte Mère de Dieu, priez pour nous.
Sancta Virgo Virginum,	Sainte Vierge des Vierges. priez pour nous.
Sancta Solangia,	Sainte Solange, priez.
— a teneris annis Deo dilecta,	— dès votre premier âge bien-aimée du Seigneur,
— sacræ Deiparæ carissima,	— chérie de la mère de Dieu,
— puritatis et castitatis amans,	— si zélée pour la pureté et la chasteté,
— mente et corpore Virgo,	— Vierge d'esprit et de corps,
— in labore assidua,	— assidue au travail,
— passioni Christi devotissima, *ora pro nobis.*	— très-dévote à la passion de J.-C., *priez pour nous.*
— pulchritudinis animæ quam corporis amantissima,	— plus jalouse de la beauté de l'âme que de celle du corps.
— blandientis fortunæ contemptrix generosa,	— animée d'un généreux mépris pour les offres de fortune,

castitatis nobilis victima,	— victime glorieuse de la chasteté,
— martyrii palma decorata,	— décorée de la palme du martyre,
— via peregrinorum,	— la voie des voyageurs,
— sanitas languentium,	— la santé des malades,
— lumen cœcorum,	— la lumière des aveugles,
— auris surdorum,	— l'oreille des sourds,
— lingua mutorum,	— la langue des muets,
— copia segetum,	— l'abondance des moissons,
— siccitatis ardentis remedium,	— le remède contre la sécheresse brûlante,
— sedatrix tempestatum,	— qui apaisez les tempêtes,
— salus in periculis,	— sauvegarde dans les dangers,
— consolatrix ad te clamantium peccatorum,	— secours des pécheurs qui vous invoquent,
— lætitia angelorum,	— joie des anges,
— consors martyrum,	— compagne des martyrs,
— æmula Virginum,	— émule des Vierges,
— præsidium nostrum,	— notre défense,
— protectrix et alumna nostra,	— protectrice et enfant de notre pays,
— honorificentia populi nostri,	— l'honneur de notre peuple,
— gloria Biturigum,	— la gloire de Bourges,
— patrona omnium Bituricensium.	— la patronne du Berry,
— tutela confratrum et consororum.	— protectrice des confrères et consœurs qui vous sont dévoués,
Agnus Dei, qui tollis peccata mundi, parce nobis, Domine.	Agneau de Dieu, qui effacez les péchés du monde, pardonnez-nous, Seigneur.
Agnus Dei, qui tollis peccata mundi, exaudi nos, Domine.	Agneau de Dieu, qui effacez les péchés du monde, exaucez-nous, Seigneur.
Agnus Dei, qui tollis peccata mundi, miserere nobis.	Agneau de Dieu, qui effacez les péchés du monde, ayez pitié de nous, Seigneur.
℣. Benedictus Deus meus.	℣. Béni soit à jamais le Seigneur.
℟. Qui præcinxit me virtute.	℟. Qui m'a revêtue de force.

L'oraison comme plus haut.

VI. Persuadez-vous, pèlerin fidèle, qu'entre ces invocations diverses il n'en est pas qui soit plus agréable à votre bonne patronne que celle-ci : *Sainte Solange, secours des pécheurs, priez pour nous!* Au sein de l'amour infini, elle voudrait voir toutes les âmes brûler du feu céleste dont elle est elle-même enflammée. Mais votre prière est, dans les vues de la divine Providence, une condition nécessaire pour l'accomplissement de ses désirs. — Un serviteur de sainte Solange doit être un chrétien zélé et qui appelle de tous ses vœux l'extension universelle du royaume de Dieu, que le Sauveur nous a lui-même enseigné à demander chaque jour. Étendez donc vos saints désirs sur le monde entier, spécialement sur toute la France, plus particulièrement sur cette province, qui a produit autrefois de si belles et de si fortes âmes. Conjurez la patrone du Berry de ne point permettre qu'il dégénère de son antique et glorieuse fécondité. — Adressez-lui, si votre cœur ne trouve pas de meilleure expression de vos désirs, adressez-lui l'invocation qu'un célèbre prédicateur du dix-septième siècle, tombant à genoux à la fin de son panégyrique, prononçait au milieu d'un auditoire profondément ému (1).

PRIÈRE A SAINTE SOLANGE POUR LE BERRY.

C'est avec confiance que nous avons recours à vous, glorieuse martyre de Jésus-Christ ; nos pères nous ont appris à vous honorer et à vous invoquer comme notre protectrice. Le souvenir des bienfaits que vous avez répandus sur eux ne s'effacera jamais de nos esprits. Nous avons nous-mêmes éprouvé bien des fois votre crédit auprès de Dieu ; et nous ne saurions nous rappeler ce que vous avez fait pour nous, sans être pénétrés de la plus vive reconnaissance.

(1) Ce mouvement pieusement oratoire est attribué au P. Bullenger, Augustin de Bourges, lors de la célèbre procession de 1537, au moment où, la Sainte venant de répondre à la confiance publique par une pluie abondante, ce religieux faisait son panégrique en actions de grâces (Oudoul, p. 100). Mais quelle que puisse être son origine, cette prière était déjà très-connue il y a un siècle et familière aux serviteurs de la Sainte, puisqu'on la trouve à la suite de sa *vie abrégée* et populaire, publiée par le docteur Lajoie (1759.)

Protégez-nous donc toujours aimable patronne; ne cessez de tenir vos mains élevées vers le Père des Miséricordes pour une province qui vous donna le jour. Si le Tout-Puissant irrité de nos offenses, se dispose à nous punir, priez-le de ne pas oublier que vous êtes notre sœur. L'amour extrême qu'il vous porte désarmera sa colère, et, en faveur de la sœur bien-aimée, il fera grâce aux frères coupables.

Veillez sur nous, charitable protectrice, éloignez d'un pays qui vous est toujours cher, ce qui pourrait nuire à son bonheur. Faites-y régner l'abondance et la paix; détruisez-y l'empire du démon et du péché; faites-y fleurir l'innocence et la vertu. Obtenez-nous la grâce de marcher sur vos traces, afin qu'après avoir imité les beaux exemples que vous nous avez donnés, nous puissions participer un jour à la glorieuse récompense dont le Seigneur a couronné vos mérites. Ainsi soit-il.

VIII. Nous terminons ce recueil liturgique par les leçons et l'oraison qu'approuva, en 1851, la sainte Congrégation des rites. Les fidèles qui voudront réciter l'office de la Sainte tout entier, le compléteront par l'invitatoire, les antiennes, les leçons, les versets et répons du commun des Vierges.

Lect. IV. Solongia, seu ut vulgo nunc appellatur Solangia, prope Bituricos, in vico de Villemond dicto, Christianis nota parentibus, et ab iis in lege Domini edocta, singulari pietate primis ab annis effloruit, septennisque Virginum sponso se Virginem dedicavit. Dum autem commissos sibi a parentibus oves in agro pasceret, tota meditationi et orationi vocabat, et, mente in Deum intenta, gaudebat jam in cœlis conversari. Quadam die, inter venandum, bituricensis dynastœ filius Sanctam Virginem obviam habuit, quam statim, formâ captus, amore insano deperiens, blanditiis primo ac promissis, legitimique conditione matrimonii, deinde minis in suam adducere sententiam nititur. Videns autem se nihil proficere, vim inferre parat.

Lect. V. Castam Virginem in agro ex ejus postea nomine nuncupato, quem frequentare solebat, piis de more exercitiis indulgentem, lascivus juvenis injecta manu invadit, raptam que equo imponit secum abducturus. Verum illa mori certa potius quam cœlesti datam sponso fidem violare, ex equo confestim exiliens, in terram dilabitur. Tum ille, verso in odium amore, nec jam suî compos quam perdite amaverat, gladio juxta fontem obtruncat.

Lect. VI. Inclita servandæ castitatis martyr, haud procul ab eo quo fuerat necata loco, sepulta est in ecclesia tunc Sancto Martino Turonensi Episcopo Sacræ, deinde ipsimet Solangiæ dicata nomini, quo et vicus ad hunc diem nuncupatur. Passa est autem, vergente jam in finem seculo nono, et post mortem plurimis inclaruit miraculis. Unde non destitit pio fidelium concursu sepulchrum ejus celebrari. Quam olim alumnam habuere Bituricenses, eam exinde patronam sensêre, et etiam nunc sentiunt. Avitæ enim pietatis hæredes, quando ingruunt temporum calamitates, ejus opem devotis implorant supplicationibus, nec semel experiuntur votorum successu.

Oratio. Domine Jesus-Christe, qui habitaculum tuum in corde pudico constituisti, concede ut beatæ Solangiæ virginis et martyris tuæ, cujus merita devoto recolimus obsequio, fidei et vitœ integritatis sectemur vestigia. Qui vivis et regnas, etc.

Lect. IV. Solonge, ou comme on l'appelle maintenant Solange, naquit près de Bourges, dans un village appelé Villemond, de parents chrétiens, qui lui enseignèrent avec soin la loi du Seigneur. Elle brilla dès ses premières années par une piété singulière, et consacra, dès l'âge de sept ans, sa virginité à l'Epoux des Vierges. Occupée par ses parents à garder leurs brebis, elle s'appliquait à la méditation, à l'oraison, et, l'esprit fixé en Dieu, elle goûtait d'avance les douceurs de la conversation céleste. Un jour, le fils du seigneur de Bourges, qui chassait, l'ayant rencontrée, s'éprend de sa beauté; et bientôt brûlant d'un fol amour, met tout en œuvre, flatteries, caresses, promesses, proposition de mariage, puis menaces, pour la faire consentir à ses vues sacrilèges. Enfin, voyant que tous ses moyens échouent, il se dispose à user de violence.

Lect. V. Au moment donc où la chaste Vierge s'occupe à ses pieux exercices dans le champ qu'elle fréquentait et qui depuis a porté son nom, l'impudique jeune homme fond sur elle, la saisit, la place de force sur son cheval pour l'enlever. Mais elle, décidée à mourir plutôt que d'être infidèle à son céleste Epoux, parvient à s'échapper et tombe par terre. Alors cet homme passionné, tout hors de lui-même, change en fureur son amour insensé pour la Vierge et lui tranche la tête auprès d'une fontaine.

Lect. VI. L'illustre martyre de la chasteté, fut ensevelie non loin du lieu où elle avait souffert la mort, dans une église jusqu'alors consacrée à saint Martin, évêque de Tours (1), mais qui depuis a été dédiée à sainte Solange, dont, ainsi que le village, elle porte encore le nom glorieux. Elle fut martyrisée vers la fin du IXe siècle, et, après sa mort, brilla par ses miracles. Ce qui depuis lors n'a pas cessé d'attirer à son tombeau devenu célèbre, un pieux concours de fidèles. Le Berry, dont elle est la fille, éprouva dès lors qu'elle est aussi sa patronne. Il l'éprouve encore, car les habitants de ce pays, héritiers de la piété de leurs pères, lui adressent dans leurs calamités de confiantes prières, et ressentent les effets de sa protection.

Oraison. Seigneur Jésus, qui avez fixé votre demeure dans les cœurs purs, accordez-nous de marcher sur les traces de sainte Solange, votre Vierge et Martyre, dont nous honorons les mérites par un culte dévoué, et d'imiter l'intégrité parfaite de sa foi et de sa vie; vous qui vivez et régnez, Dieu unique avec le Père et le Saint-Esprit, dans tous les siècles des siècles. Ainsi soit-il.

III.

CONFRÉRIE DE SAINTE-SOLANGE.

I. Saint François de Sales engageait les fidèles à s'en-

(1) Ce récit n'empêche pas d'admettre, avec la tradition locale, que le corps de la sainte reposa *quelque temps* dans le ci-

rôler, le plus qu'ils le pourraient, dans les confréries approuvées, qui leur seraient proposées ; et il donnait lui-même l'exemple de cette dévotion (1). L'union de prières, l'exemple réciproque d'où résulte une sainte émulation, la protection spéciale des saints qu'on veut honorer, les grâces accordées par l'Eglise à ces pieuses associations, sont de puissants encouragements pour s'y agréger.

La confrérie de sainte Solange, comme nous le verrons bientôt, est riche d'indulgences. Elle fait offrir le Saint-Sacrifice pour les associés vivants et défunts. Les personnes qui ne peuvent se rendre au pèlerinage, y suppléent en quelque sorte par ce lien pieux, qui les rattache toujours à leur sainte Patronne. Ils la visitent, pour ainsi dire, par la députation de leurs frères. Les fidèles qui, plus heureux, ont accompli l'œuvre du pèlerinage, en perpétuent les fruits par leur agrégation à la confrérie, et donnent ainsi à Dieu un gage de persévérance. — Vous voudriez, pieux pèlerin, dans votre dévouement à la sainte Patronne, vous tenir toujours, si c'était possible, au pied de son autel. En vous associant à sa confrérie, votre engagement est comme une protestation incessante que vous faites de votre fidélité à son culte. Cet engagement n'a rien que de très léger. Il n'est aucun point des *statuts* qui vous impose une obligation proprement dite, sous peine de péché, distincte de celle qui pourrait exister en vertu des commandements de Dieu et de l'Eglise.

Cette confrérie, dont l'origine se perd dans la nuit des temps, reçut une pleine organisation vers le milieu du dix-septième siècle. Enrichie d'indulgences par Alexandre VII en 1657, et par Benoît XIV en 1751, renversée pendant la tourmente révolutionnaire, elle s'était relevée en 1805 par les soins de Mgr Isidore de Mercy (2). Mais les grâces que le Saint-Siége lui accorda, lors de ce rétablissement, devaient, sous peine de cessation, être renouvelées tous

metière commun ; car il est certain qu'il *ne tarda pas* à être inhumé *dans l'église*.

(1) Introd. à la vie dév. ; part. 2e ; ch. 15e. Esprit de saint François de Sales, extrait de P. Le Camus, part. 11e, ch. 6e.

(2) Voyez plus haut (ch. 1er, VI et VII).

les sept ans. C'est au temps même, où le sanctuaire était sur le point de recouvrer une portion des saintes reliques, que la confrérie recouvra autant et plus de faveurs spirituelles qu'elle en eût jamais eues, dans ses plus beaux jours.

II. Par deux décrets de la Sacrée Congrégation des indulgences, sous la date 17 juillet 1844, S. S. Grégoire XVI accordait à la confrérie de sainte Solange, les grâces suivantes, *à perpétuité*, et toutes applicables aux défunts.

1° « Toutes les messes qui seront offertes pour les con- » frères défunts, dans l'église de Sainte-Solange, jouiront » des grâces de l'autel privilégié, » c'est-à-dire, d'une indulgence plénière applicable aux âmes pour lesquelles le Saint-Sacrifice est offert. — 2° « Une indulgence plé- » nière est accordée à tout confrère qui, le jour de sa » réception, vraiment contrit, confessé, communiera, vi- » sitera l'église de la Sainte, et y priera quelque temps » aux intentions du souverain Pontife. » — 3° « Indul- » gence plénière à l'article de la mort, à tout confrère » qui aura reçu les sacrements comme il vient d'être dit, » ou, dans l'impossibilité de faire davantage, aura invo- » qué au moins de cœur, le saint nom de Jésus. » — 4° « Indulgence plénière à tout confrère qui accomplira les » susdites œuvres, à partir des premières vêpres juqu'au » coucher du soleil de la fête annuelle que l'ordinaire » aura désignée temporairement comme solennité prin- » cipale de la confrérie. » — 5° « Indulgence de sept » ans et sept quarantaines pour quatre fêtes secondaires » qui seront désignées, une fois pour toutes, par l'ordi- » naire actuel, sous les mêmes conditions à remplir » chaque fois : réception des sacrements, visite, prière. » — 6° « Indulgence de soixante jours, attachée à toute » œuvre pie, que les confrères auront accomplie, au » moins avec dévotion et regret de leurs fautes (1). »

(1) Nous devons donner *in extenso* le texte de ces deux décrets si précieux pour la confrérie de sainte Solange: Beatissime Pater, Sacerdos Charbonnier, parochus Ecclesiæ vulgo dictæ *Sainte-Solange*, in diœcesi Bituricensi in Gallia, pedibus S. etc. provolutus, devote implorat ut confraternitati *Sanctæ-Solangiæ* quam in præfata ecclesiæ parochiali canonice erigere inten-

Rappelons ici les œuvres pies nommément énumérées en pareille occasion, par les lettres apostoliques

dit annectantur indulgentiæ quæ concedantur sodalitatibus canonice erectis, etc. — Ex audientia Sanctissimi. — Sanctissimus D. Noster Gregorius P. XVI, omnibus sodalibus piæ confraternitatis, sub titulo de quo in precibus, in supra enuntiata ecclesia canonice erigendæ, sequentes indulgentias, fidelibus quoque defunctis applicabiles benigne in perpetuum concessit: plenariam nempe die prima eorum receptionis in eamdem piam confraternitatem, si vere pœnitentes, confessi sacraque communione refecti dictam ecclesiam, juxta mentem Sanctitatis Suæ per aliquod temporis spatium orando visitaverint. Similiter plenariam in articulo mortis acquirendam dummodo rite, ut supra dispositi fuerint, vel saltem SS. Jesu nomen corde, si ore nequiverint, devote invocaverint. Et pariter plenariam, die qua in eadem ecclesia festum principale prælaudatæ confraternitatis, de Ordinarii pro tempore licentia celebrabitur, incipiendum a primis vesperis usque ad ipsius diei solis occasum. Et septem annorum totidemque quadragenarium indulgentiam, quatuor aliis infra annum festis diebus per actualem Ordinarium semel tantum designandis, si, ut supra, rite dispositi fuerint, visitaverint et oraverint. Ac tandem sexaginta dierum indulgentiam pro quolibet pio opere, quod corde, saltem contrito ac devote peregerint. Præsenti valituro, servatis tamen servandis, juxta constitutionem S. M. Clem. P. VIII, datam Romæ apud S. Petrum die 7 decembris 1604, quæ incipit *quæcumque a sede apostolica*. Datum Romæ ex SS. Congregation. indulgentiarum die 17 julii 1844 — Gabriel Cardinalis Ferretis præfectus. — Jacobus Gallo secretarius. — Vidimus et executioni mandari permisimus. Biturigibus die 11 Julii 1845. J. M. A Cœlestinus Archiepiscopus Bituricensis.

Voici l'autre décret : Bituric. — Decretum ex audientia Sanctissimi ad humiles preces actualis Rectoris de parochiali ecclesia loci *Sainte-Solange* nuncupati, Bituricensis diœceseos Sanctissimus Dominus Noster Gregorius P. XVI annuens ; ut omnes et singulæ missæ quæ pro quibusvis sodalibus defunctis piæ confraternitatis sub titulo *Sanctæ Solangiæ* in dicta ecclesia canonice erigendæ, ad quodlibet ipsius ecclesiæ altare, perpetuis futuris temporibus celebrabuntur, eodem gaudeant privilegio ac si in altari privilegiato celebrentur, indulsit ; servatis tamen servandis juxta constitutionem. S. M. Clem. P. VIII, datam Romæ apud S. Petrum die 7 decembris, quæ incipit *quæcumque a sede apostolica*. Non obstantibus quibuscumque aliis in contrarium facientibus. Datum Romæ ex Congreg. Indulgent. — Suivent les mêmes dates et signatures qu'à la fin du décret précédent.

d'Alexandre VII, déjà indiquées : (2) « Assister à la sainte
» Messe ou à l'Office divin, dans ladite Eglise. Prendre
» part aux réunions publiques ou particulières de ladite
» confrérie, en quelque lieu que ce soit. Exercer l'hos-
» pitalité envers les pauvres. Réconcilier des ennemis
» ou travailler efficacement à leur réconciliation. Assis-
» ter aux obsèques soit d'un associé soit d'un autre fi-
» dèle. Se joindre à toute procession approuvée par l'Or-
» dinaire. Accompagner le Saint-Sacrement quand on le
» porte aux malades, ou bien en procession pour quelque
» raison que ce soit. Ne pouvant l'accompagner, réciter
» un *Pater* et un *Ave* au son de la cloche. Dire cinq *Pa-*
» *ter* et cinq *Ave* pour le repos des âmes des confrères
» défunts. Contribuer efficacement à la conversion d'une
» âme. Instruire les ignorants de la loi divine et des
» vérités du salut. Enfin, accomplir *toute autre œuvre*
» *de piété ou de charité.* » Quels motifs, présentés par la libéralité de l'Eglise, aux fidèles pour entrer dans la confrérie de sainte Solange, et aux confrères pour pratiquer les bonnes œuvres du christianisme.

III. Ces grâces obtenues, Mgr Dupont, maintenant Cardinal, approuva les *statuts* suivants de la *confrérie de sainte Solange existante en l'église paroissiale du même nom.*

— « L'établissement des confréries n'étant fondé que
» sur la dévotion particulière de personnes pieuses, qui
» s'unissent ensemble, pour honorer d'un culte spécial
» et approuvé les mystères de notre Religion ou la mé-
» moire des Saints, les personnes qui s'engagent dans la
» confrérie de sainte Solange, doivent bien se convaincre
» qu'elles contractent une obligation spéciale de mener
» une vie plus pure et plus sainte, parce que la vraie
» manière d'honorer cette glorieuse Patronne du Berry,
» c'est d'imiter et de pratiquer les vertus dont elle a
» donné l'exemple. Mais comme une confrérie serait de
» peu de durée, qu'elle serait même sujette à beaucoup
» d'abus, si chacun se donnait la liberté d'en fixer les
» exercices selon son inclination ou ses propres lumières,

(2) Apud Bolland, 4, 2. Maii p. 397.

» pour éloigner de celle-ci tout esprit d'inconstance, de
» caprice et d'erreur, nous avons dressé les statuts et
» réglements suivants, que nous ordonnons être inviola-
» blement observés par tous les confrères, bien convain-
» cu que la pratique des bonnes œuvres qui y sont re-
» commandées, étant ainsi fondée sur l'obéissance, sera
» par là même plus sûre, plus constante, plus méri-
» toire.

Article 1er. « La confrérie sera dirigée, pour le spi-
» rituel, sous notre autorité, par M. le Curé de la pa-
» roisse, que nous commettons en qualité de Recteur,
» pour présider à toutes les assemblées des confrères,
» pour tenir la main à l'exécution des présents statuts,
» et nous informer des contraventions qui pourraient y
» être faites.

2. « Le temporel de la confrérie sera régi et administré
» par six directeurs au moins, qui seront choisis par
» M. le Recteur dans l'assemblée générale des confrères.
» Les directeurs élus en désigneront un d'entr'eux pour
» exercer les fonctions de Receveur.

3. « Les personnes qui voudront se faire recevoir
» dans la confrérie se présenteront aux directeurs en
» exercice, qui, après avoir examiné devant Dieu et jugé
» sur le certificat du curé de la paroisse des aspirants,
» de leurs bonne vie et mœurs, les inscriront dans le
» registre ou catalogue des confrères; défendant expres-
» sément d'y admettre aucun ivrogne, jureur, blasphé-
» mateur, ou autre pécheur scandaleux.

4. « Tous les confrères sont exhortés à dire fréquem-
» ment ces invocations extraites des litanies de la Sainte :
» *Sainte Solange, martyre de la chasteté, notre appui,*
» *notre avocate, priez pour nous;* et une fois chaque
» jour cette oraison qui termine les mêmes litanies; Dai-
» gnez, Seigneur, par l'intercession de sainte Solange,
» répandre votre bénédiction sur nous et sur les fruits
» de la terre, afin que les ayant recueillis à la louange
» et à la gloire de votre nom, nous en usions conformé-
» ment aux intentions de votre miséricorde. Ainsi soit-il.

5. « On avertira ceux qui seront admis, que pour ren-
» dre leur entrée dans la confrérie plus salutaire pour

» eux et plus agréable à Dieu; ils doivent s'y préparer
» par une bonne confession, même générale de toute leur
» vie s'ils n'en ont point encore faite, et par la sainte
» communion qu'ils feront en sorte de recevoir le jour
» de leur réception, pour gagner l'indulgence plénière
» accordée par N. S. Père le Pape.

6. « Comme les confrères doivent se distinguer des
» autres fidèles par les pratiques d'une dévotion parti-
» culière, ils doivent aussi s'approcher plus souvent des
» sacrements de pénitence et d'eucharistie Aussi nous
» les exhortons de tout notre pouvoir à se confesser et à
» communier au moins cinq à six fois dans le cours de
» l'année, et principalement le jour de la fête principale
» que nous fixons au lundi de la Pentecôte. En ce jour,
» les confrères pourront gagner une indulgence plé-
» nière.

7. « Nous les exhortons en outre à se montrer plus
» particulièrement assidus aux offices, aux quatre fêtes
» secondaires de la confrérie, qui auront lieu à perpé-
» tuité: 1° le jour de Noël ; 2° celui de Pâques ; 3° le 10
« du mois de mai, jour où se célèbre la fête de la Sainte,
» d'après le calendrier ; 4° enfin, le dimanche auquel
» cette fête est renvoyée d'après les statuts du diocèse.
» Les confrères pourront en tous ces jours gagner les
» indulgences partielles accordées par N. S. Père le
« Pape.

8. La fête principale de la confrérie sera célébrée
» avec le plus de solennité que faire se pourra ; on chan-
» tera la veille les premières vêpres, le tout du rit annuel.
» Les confrères assisteront à l'office avec la dévotion re-
» quise, de même qu'à la prédication ou instruction que
» nous exhortons Monsieur le Curé à faire lui-même ou
» à faire faire par tel autre prêtre approuvé qu'il jugera
» à propos de choisir.

9. « Après la messe, on fera selon l'antique usage,
» une procession solennelle au champ et au tombeau de
» la Sainte. La châsse sera entourée et portée par ceux
» des confrères qu'une vie plus édifiante aura fait choisir
» par Monsieur le Recteur. Ils feront en sorte de suivre
» l'exemple des anciens porteurs, et de ne se présenter

» pour porter la châsse qu'après s'être approchés des
» sacrements de pénitence et d'eucharistie.

10. « Le lendemain de la fête principale ou le jour de
» l'octave, on célébrera un service solennel, autant que
» faire se pourra, pour le repos des confrères défunts. A
» l'issue du service, les confrères s'assembleront pour la
» nomination de trois nouveaux directeurs qui seront
» désignés par Monsieur le Recteur, en remplacement
» des trois qui chaque année devront sortir d'exercice.
» L'assemblée nommera trois commissaires pour arrê-
» ter les comptes du receveur, et délibérer conjointement
» avec le conseil sur les autres affaires concernant ladite
» confrérie.

11. » Afin que tous les directeurs ne sortent point
» d'exercice en même temps, et qu'il y ait toujours dans
» le conseil des membres anciens et des membres nou-
» veaux, la moitié de ceux qui auront été choisis à la
» prochaine assemblée, ne restera qu'une année seule-
» ment en exercice, après laquelle il en sera nommé par
» M. le Recteur un nombre égal à ceux qui sortiront. Les
» nouveaux nommés le seront pour deux ans, de ma-
» nière que le conseil se renouvellera chaque année par
» moitié. Les membres sortants seront, pour la pre-
» mière fois, désignés par le sort. »

12. « Les directeurs de la confrérie auront soin de
» visiter les confrères malades, de les consoler et de leur
» procurer tous les secours possibles, en cas qu'ils soient
» en nécessité. Lorsqu'on leur donnera le saint Viatique,
» ils avertiront les confrères les plus voisins pour porter
» le dais et accompagner le Saint-Sacrement, rendant
» aux malades tous les services qu'inspire dans ces mo-
» ments la charité chrétienne. Les simples confrères
» remplaceront les directeurs pour cet office de charité,
» principalement dans les lieux où il n'y aurait pas de
» directeur en résidence.

13. » Dès qu'un confrère sera décédé, tous ceux qui
» auront connaissance de sa mort, diront pour lui, dès
» qu'ils l'auront apprise, cinq *Pater* et cinq *Ave*, et ils
» assisteront, s'ils le peuvent, à son convoi et enterre-
» ment.

14. » La confrérie fera célébrer, pour chacun de ses
» membres défunts, un service solennel dans le mois qui
» suivra la constatation du décès. Cette constatation se
» fera par un certificat du curé de la paroisse où le
» décès aura eu lieu. A cet effet, les confrères, qui se-
» raient en danger de mort sur une autre paroisse, de-
» vront prier M. le curé du lieu de leur rendre ce ser-
» vice, au cas où Dieu les appellerait à lui. A cette messe
» est attachée une indulgence plénière, comme aussi à
» toutes celles qui pourront être célèbrées à perpétuité
» pour quelque confrère défunt.

15. « Chaque année, M. le curé sera prié de vouloir
» bien au service solennel prescrit par l'article 10, lire
» après l'évangile la liste de tous les confrères décédés
» dans le cours de l'année, et les recommander d'une ma-
» nière spéciale aux prières de tous les confrères vi-
» vants.

16. » Le premier lundi de chaque mois il sera cé-
» bré à l'autel de Sainte-Solange, s'il se peut, une messe
» basse pour tous les membres vivants de la confrérie.
» Après cette messe, le prêtre récitera à haute voix les
» litanies de la sainte. Cette messe sera annoncée le di-
» manche précédent, au prône de la messe paroissiale.

» 17. Les confrères seront assidus aux services de
» leurs paroisses respectives. Ceux qui résident à Sainte-
» Solange assisteront aux processions de la Fête-Dieu,
» marchant avec un profond respect, deux à deux, de-
» vant le Saint-Sacrement, ayant un cierge à la main,
» au cas que les fonds de la confrérie puissent faire cette
» dépense.

18. « Chaque année le compte de la confrérie sera
» rendu le jour du service solennel, par le receveur qui
» sortira d'exercice. Ce compte sera réglé par les trois
» commissaires mentionnés article 10, en présence
» du conseil, du nouveau receveur, sous la présidence
» du Recteur, qui indiquera tel autre nombre de séances
» qui seront jugées nécessaires, si la première n'avait pas
» été suffisante.

19. » Aucune dépense ne pourra être faite par le rece-
» veur que sur une décision écrite de M. le Recteur et,

» qu'après une délibération du conseil, si la dépense
» devait excéder trente francs. Les fonds libres seront
» généralement employés pour la décoration de l'église.

20. » Dans les comptes de la confrérie, il ne sera al-
» loué en dépense au comptable aucune somme pour fes-
» tins, collations, ou autres dépenses de bouche, si ce
» n'est pour le soulagement de quelque confrère malade
» dont la nécessité aurait été attestée par M. le curé de
» la paroisse.

21. » Les fonds appartenant à la confrérie, les titres,
» les comptes, les registres et papiers concernant ses in-
» rêts seront déposés dans un coffre fermant à deux
» clefs, dont l'une sera déposée entre les mains du rec-
» teur, et l'autre en celles du receveur.

22. » Lorsque les directeurs de la confrérie auront
» besoin de quelques titres ou papiers, ils ne les retire-
» ront du coffre, qu'en donnant leur récépissé sur un
» livre destiné à cet effet, qu'ils bifferont dans la suite,
» lorsqu'ils rapporteront lesdits titres ou papiers, mettant
» à la marge le jour où ils les auront remis.

23. » Afin que dans les processions et assemblées, il
» n'arrive aucun différent ou contestation pour les pas
» et préséances, les confrères y prendront place suivant
» l'ordre de leur réception.

24. » On ne pourra exiger pour la réception des nou-
» veaux confrères plus de dix sols, et les années suivan-
» tes plus de six sols ; desquelles sommes reçues ou qui
» auront dû l'être, le receveur sera tenu de se charger
» dans son compte, comme aussi du produit des quêtes,
» qu'il sera tenu de faire ou faire faire, pendant l'office,
» toutes les fois que M. le Recteur le jugera utile et con-
» venable.

25. » Si quelques-uns des confrères refusent ou dif-
» fèrent, pendant trois années consécutives, de payer
» leur droit de confrérie, leur nom sera rayé du cata-
» logue.

26. « Les comptes de la Confrérie qui auront été
» rendus dans le cours de l'année, seront de nouveau
» présentés à M. l'Archidiacre dans le temps de la vi-
» site, pour être examinés, s'il le juge à propos, en pré-

» sence du recteur, du receveur, des conseillers et des
» principaux confrères.

27. « Les présents statuts seront lus chaque année à
» haute et intelligible voix dans l'assemblée prescrite
» par l'art. 10. Nous exhortons les confrères à les lire
» souvent, afin qu'ils se rendent plus exacts à les obser-
» ver avec la grâce de Dieu.

» Donné à Bourges sous notre seing et le sceau de nos
» armes, le onze juillet **1845**. † J. M. Célestin, Archev.
» de Bourges.

III. Le corps de cette Confrérie étant formé par ses statuts, revêtu de ses ornements par les priviléges spirituels émané du Saint-Siége, il restait encore à lui imprimer le mouvement par l'érection canonique, exigée, comme on l'a vu, par les décrets de la Sainte Congrégation des Indulgences. Une ordonnance archiépiscopale, donnée sous la même date que les statuts, vint remplir cette dernière condition.

« Jacques-Marie-Antoine-Célestin Du Pont, par la mi-
» séricorde divine et la grâce du Saint-Siége aposto-
» lique, Archevêque de Bourges, Primat des Aqui-
» taines, etc., etc.

» Vu la supplique à nous présentée par M. François
» Charbonnier, prêtre de l'église paroissiale de Sainte-
» Solange, tendant à ce qu'il nous plaise ériger cano-
» niquement dans son église une pieuse Confrérie de
» Sainte Solange; désigner la fête principale et, en
» outre, les jours auxquels pourront être gagnées par les
» confrères les indulgences accordées par notre Saint-Père
» le Pape; vu deux brefs de Sa Sainteté, en date l'un et
» l'autre du **17** juillet **1844**, lesquels nous ont été pré-
» sentés par ledit sieur Curé, et que nous avons visés;
» vu les statuts et réglements qu'il nous a soumis et que
» nous avons approuvés; après avoir apprécié le but
» principal de cette Confrérie qui est d'honorer la glo-
» rieuse patronne du Berry, et d'attirer sa protection
» spéciale sur les confrères; voulant donner un témoi-
» gnage de notre dévotion envers cette grande Sainte,
» en favorisant de plus en plus la propagation de son
» culte, et offrir aux fidèles de notre diocèse un nouveau

» moyen de manifester leur piéte envers leur glorieuse » patronne et mériter sa protection et imiter ses vertus ; » nous avons renouvelé et renouvelons, érigé et érigeons » tout de nouveau par ces présentes, autant que besoin » peut être, en l'église de Sainte-Solange, la pieuse » Confrérie qui y existe de temps immémorial sous le » titre de *Confrérie de Sainte Solange* ; nous avons per- » mis et permettons de célébrer la fête principale de » ladite Confrérie le lundi de la Pentecôte, durant tout » le temps de notre épiscopat. Nous avons, en outre, » désigné comme fêtes secondaires à perpétuité : 1° le » jour de Pâques ; 2° celui de Noël ; 3° le 10 de Mai, » jour où se célèbre la fête de la Sainte d'après le Calen- » drier ; 4° enfin, le dimanche auquel cette fête est ren- » voyée d'après les statuts du diocèse.

» Donné à Bourges, sous notre seing et le sceau de nos armes, le 11 juillet 1845.

» † J. M. A. CÉLESTIN, Archevêque de Bourges. »

V, Il ne manque rien à cette pieuse association pour attirer à elle les âmes dévouées au culte de la patronne du Berry. Un très petit nombre d'exercices prescrits, et leur grande facilité, précieux avantages assurés. Qu'elles suivent donc les désirs du vénérable Cardinal, qui leur présente ce précieux « moyen de manifester leur piété » envers leur glorieuse Patronne et mériter sa protec- » tion et imiter ses vertus. »

D'un autre côté, que les confrères honorent cette belle association par une vie solidement chrétienne. Les statuts proposent à leur pieuse émulation les exemples des anciens confrères. Autrefois, en effet, les serviteurs de sainte Solange se faisaient remarquer par une fidélité parfaite aux commandements de Dieu et de l'Église. Ils s'approchaient des Sacrements souvent et avec les plus édifiantes dispositions. Ceux qui avaient l'honneur d'être désignés pour porter la châsse vénérée, étaient presque toujours des hommes remarquables par leur mortification, leur dévotion énergique. « Ceux qui portent la » châsse, écrivait un pieux auteur, il y a deux cents ans,

() Article 9.

» paraissent en la posture de véritables pénitents, la tête » et les pieds nuds et à jeun ; on les charge néanmoins » de couronnes de fleurs pour témoignage de la victoire » que sainte Solange a remportée en qualité de Vierge et » de Martyre (1). » Dans les grandes processions où l'on transportait les Saintes Reliques à Bourges, ces hommes généreux, après avoir été soutenus dans les fatigues d'une longue marche par l'espérance du *pain des forts* (2), s'approchaient avec une pureté rare du banquet des Anges (3). Je ne parle pas de leur mépris pour le respect humain : en ces temps de foi aussi vive qu'éclairée, cet ennemi n'était point redoutable. Montrons-nous les dignes enfants de nos Pères !

IV.

CONDUITE POUR LE TEMPS DE LA TENTATION.

1. Les âmes dévouées au culte de l'illustre Vierge-Martyre, ne manquent pas de l'invoquer dans les tentations, spécialement dans celles dont elle a si héroïquement triomphé. Il est bien triste, sans doute, pour un ami de Dieu, d'avoir sans cesse à lutter contre des suggestions humiliantes. Mais l'exemple, la récompense, la protection des martyrs de la chasteté doivent inspirer de la confiance.

2. Si les circonstances vous le permettent, suivez le conseil de saint Nil : « Au moment où fond sur vous la » volupté, dit-il, levez-vous, et vous prosternant devant » Dieu, criez : Fils de David, secourez-moi. *Fili David,* » *adjuva me !* — Dites avec le Roi-Pénitent : Retirez- » moi de la boue, Seigneur, de crainte que je n'y » demeure enfoncé : *Eripe me de luto ut non infi-* » *gar* (4). » — Dites avec le pieux auteur de l'imitation :

(1) Giry. Vie des SS. t. 1. Col. 1390, édit de 1719.
(2) Ps. 103. 15.
(3) Plus haut, chap. 1er. III.
(4) Ps. 68, 15.

Remplissez-moi, Seigneur, d'une force céleste, de peur que le vieil homme et cette chair de péché, encore rebelle à l'esprit, ne vienne à prévaloir : *Robora me cœlesti fortitudine, ne vetus homo misera caro nondum spiritui plene subacta prævaleat dominari* (1). — Ecriez-vous avec saint Jérôme Emiliani : O très-doux Jésus, soyez-moi non juge mais Sauveur ! *ô dulcissime Jesu, ne sis mihi judex sed salvator !* (2). — Consacrez-vous à Marie par la *prière* suivante : O ma souveraine, ô ma mère, je m'offre à vous et pour vous prouver mon dévouement, je vous consacre aujourd'hui mes yeux, mes oreilles, ma bouche, mon cœur, tout moi-même. Puisque je vous appartiens, ô ma bonne Mère, gardez-moi, défendez-moi, comme votre bien et votre propriété. Au moment même de la tentation rappelez à cette bonne Reine la donation de vous-même qu'elle a acceptée : Adressez-lui cette *aspiration* : O ma Souveraine ! ô ma Mère, souvenez-vous que je vous appartiens. Gardez-moi, défendez-moi comme votre bien et votre propriété (3).

3. Mais n'oubliez pas de recourir à sainte Solange ; conjurez le Seigneur de vous défendre par son intercession : O Dieu, qui avez accordé à la Bienheureuse Solange une double couronne pour la double victoire de la virginité et du martyre, accordez-nous de triompher de nos ennemis qui sont le monde, la chair et le démon et d'acquérir ainsi la gloire céleste, par J.-C. N. S. *Deus, qui beatæ Solangiæ, pro gemina virginitatis et martyrii*

(1) Imit. l. 3. 3. ch. 20. V. 3.

(2) SS. Pie IX accorde cinquante jours d'indulgence pour chaque fois qu'on récite cette aspiration, décret du 31 mai 1851.

(3) A la demande du T. R. P. Roothaan, général de la Compagnie de Jésus, SS Pie IX, par décret du 5 août 1851, accorda 1° une indulgence de 100 jours, à gagner une fois le jour, pour tous les fidèles, qui, après avoir récité le matin et le soir avec dévotion, le cœur contrit, la Salutation angélique, diront la prière : O ma souveraine. 2° Une indulgence plénière pour tous les fidèles qui, après l'avoir récitée tous les jours du mois, communieront et feront les autres œuvres ordinairement prescrites pour les indulgences plénières ; 3° une indulgence de 40 jours toutes les fois que dans la tentation, on récitera avec piété et contrition l'*aspiration : O ma Souveraine.*

victoria binam lauream contulisti, da, quæsumus, ut de hostibus, mundo, carne et diabolo, triumphantes, cœlestem gloriam consequamur. Per Christum Dominum nostrum (1).

Après ces invocations, évitez avec soin les occasions dangereuses, occupez-vous, tenez-vous dans l'humilité, ayez confiance. Que si vous avez le malheur de tomber, ne vous découragez pas, invoquez encore la Vierge magnanime de Villemont, relevez-vous, allez au plus tôt par la confession vous réconcilier avec Dieu, et disposez-vous à combattre encore, à combattre toute la vie, car, dit l'apôtre, *il faut combattre pour être couronné* (2).

(1) Cette oraison est extraite du *petit recueil des légendes* des SS. pour tous les jours du mois

(2) 2. Tim. 2, 5.

BIBLIOTHÈQUE IMPÉRIALE IMPR.

FIN.

TABLE.

FIN DE LA TABLE.

BIBLIOTHÈQUE IMPÉRIALE

www.ingramcontent.com/pod-product-compliance
Lightning Source LLC
LaVergne TN
LVHW020332230826
846091LV00003B/840

* 9 7 8 2 0 1 2 9 5 5 2 1 9 *